추 천 사

김 의 원 박사
전 총신대학교 총장
현 ATEA 대표

하나님 말씀을 전하는 설교자는 성경을 통하여 말씀을 전해야 합니다. 말씀의 밭에서 말씀의 양식을 캐내어 전해야 합니다. 이것이 바로 설교자의 본분입니다.

그러기 위해서 설교자는 하나님의 말씀인 성경 본문을 심도 있게 묵상하는 것이 필요합니다. 첫째, 말씀의 문장 구조를 이해해야 합니다. 성경은 하나님의 뜻을 사람의 글로 전하는 통로입니다. 그래서 글로 기록된 하나님의 말씀에서 문장의 구조를 보는 것은 아주 중요한 절차입니다. 둘째, 말씀 안에서 문장과 단어들의 상관관계를 잘 따져 보아야 정확히 파악할 수 있습니다. 셋째, 전후 문맥과 단어의 뜻을 풀어서 정확한 말씀을 이해해야 합니다. 이렇게 하면 기록된 말씀을 통해서 하나님의 뜻을 바르게 전하는 설교자가 될 것입니다.

이번에 출간한 《한절설교2》는 앞서 서울성경연구원(SBI)에서 출간한 《한절설교》 SBI문맥성경 심방핸드북과 함께 설교자가 하나님의 말씀을 전하는 데 아주 유익한 참고서가 될 것입니다. 여러 상황의 성도들에게 하나님의 말씀(뜻)을 올바로 전하는 능력 있는 설교 지침서가 될 것입니다.

기대하는 마음으로 본서를 추천합니다.

감수사

배 동 한 목사
서울성경연구원 대표
SBI문맥성경 저자

본서는 서울성경연구원(SBI)의 문맥성경을 활용하여 말씀을 준비하는 것을 원칙으로 합니다. 문맥성경을 연구하여 말씀을 전하는 방식입니다. 서울성경연구원의 여러 간사님들이 현장에서 경험한 말씀들이 수록되어 있습니다.

본서에 기록된 설교 개요(뼈대)의 방법은 먼저, 문맥성경의 문장 구조를 보고 그 문장 구조에서 설교 개요를 작성하는 방법입니다. 이렇게 하면 성경에서 설교 개요를 쉽게 발견할 수 있습니다.

모든 설교개요들이 같은 방식으로 만든 것이라 반복적인 방식을 만나볼 수 있습니다. 그래서 사용자가 문장 구조를 통해 설교개요를 만들어낼 수 있도록 도움(반복학습)을 받을 수 있습니다. 특히 본문에 선별된 말씀들은 협업에 참여한 연구자들이 먼저 현장에서 경험하고 입증하였습니다.

본서를 사용하는 설교자는
*원문의 정확한 의미를 이해할 수 있게 됩니다.
*본문의 주제(내용과 구조)를 쉽고 정확하게 파악하게 됩니다.
*설교의 대지(뼈대)를 명확하게 보여줍니다.

이렇게 말씀연구자들이 본서를 반복 학습하면 각각의 말씀들이 하나의 공식을 가지고 있음을 발견하고, 그 공식에 익숙해질 것이라 생각합니다.

출간사

박종원 목사
MBA(문맥바이블아카데미) 원장

《한절설교2》는 한절설교 심방핸드북에 미처 수록하지 못한 것들을 포함하고 더 나아가 한국교회의 설교 강단에서 여러 가지 절기와 예배 중에 꼭 필요한 본문들을 추려서 만들었습니다. 1년을 시작하는 신년예배부터 한해를 마무리하는 송구영신예배까지 그리고 이사예배나, 개업예배등 성도들의 실생활에 꼭 필요한 예배들에 사용될 수 있는 본문들을 엄선했습니다.

엄선한 결과 이번 《한절설교2》에서는 한국교회의 설교강단에서 꼭 필요한 절기와 예배에 대한 한절들을 모아 112절을 선별했습니다. '112절'은 그 의미상 한국교회 설교강단의 위기를 표현한 것이기도 합니다. 이번에 출간되는 한절설교의 두 번째 책인 《한절설교2》가 힘들고 어려운 한국교회의 설교강단에 도움이 되길 바라는 마음으로 출판합니다.

특히 이번에 같이 저자로 참여하신 연구원 간사 아홉 분(고동관, 김창길, 방동용, 송승용, 이경숙, 이후인, 조수민, 주경만, 한희수) 목사님들의 노고를 지면을 통해 감사를 드립니다. 또한 김의원 박사님과 배동한 목사님 그리고 MBA하우스 스텝진 및 모든 동역자 들에게 감사를 드리며 주의 평강이 함께 하시길 기원합니다.

머리말

《한절설교2》는 문맥성경을 활용한 설교의 결정체로 여러 가지의 설교(5분 설교, 새벽설교 , 심방설교) 때와 개인말씀 묵상에 쉽고 간단하게 적용할 수 있는 성경 한 절을 가지고 112절을 만들었습니다. 본서는 문맥성경을 볼 수(활용) 있다면 더욱 쉽게 사용할 수 있지만 문맥성경을 모르시는 분들도 조금만 들여다보면 쉽게 사용할 수 있도록 만들었습니다.

문맥성경은 구문(헬라어)을 분석하여 표현한 성경으로 1989년부터 서울성경연구원(SBI)이 만들기 시작했고 발전시켜 현재는 신약성경과 구약성경의 모세오경, 역사서, 시가서(근간)를 출간하고 조만간 문맥성경 전권 출판을 앞두고 있습니다.

문맥성경을 활용하면 설교자의 연구와 묵상에 유용합니다.
1. 성경 본문의 내용을 쉽고 정확하게 그리고 깊이 이해할 수 있다.
2. 전체적인 맥락과 각 부분의 내용을 구조적으로 한 눈에 볼 수 있다.
3. 한글 성경만으로는 오해하거나 잘 알 수 없는 원문의 정확한 의미와 논리의 구조를 확실하게 파악할 수 있다.
4. 설교를 위한 본문의 주해 개요(뼈대/대지)를 쉽게 작성할 수 있다.
5. 성경공부 교재(GBS)를 만들기 용이하며 본문의 내용을 함축적으로 포함하는 질문과 내용을 만들 수 있다.

위와 같은 문맥성경의 장점을 십분 살려 《한절설교2》를 만들었습니다. 본서에서는 112개의 성경 한 절의 본문을 절기와 예배에 따라 29부로 세분하여 연구했습니다.

본문 보기 샘플

한절설교 첫 번째 책에 이어지는 번호 입니다

성경 본문을 가리킵니다.
본문은 '한글개역'으로 적었습니다.

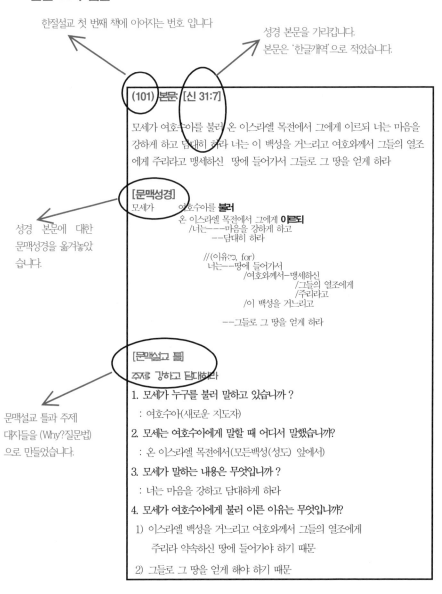

(101) 본문: [신 31:7]

모세가 여호수아를 불러 온 이스라엘 목전에서 그에게 이르되 너는 마음을
강하게 하고 담대히 하라 너는 이 백성을 거느리고 여호와께서 그들의 열조
에게 주리라고 맹세하신 땅에 들어가서 그들로 그 땅을 얻게 하라

[문맥성경]
모세가   여호수아를 **불러**
          온 이스라엘 목전에서 그에게 **이르되**
          /너는 ---마음을 강하게 하고
              --담대히 하라

          //(이유:그, for)
              너는--땅에 들어가서
                  /여호와께서-맹세하신
                      /그들의 열조에게
                      /주리라고
                  /이 백성을 거느리고

              --그들로 그 땅을 얻게 하라

성경 본문에 대한
문맥성경을 옮겨놓았
습니다.

[문맥설고 틀]

주제: 강하고 담대하라

1. 모세가 누구를 불러 말하고 있습니까 ?
  : 여호수아(새로운 지도자)

2. 모세는 여호수아에게 말할 때 어디서 말했습니까?
  : 온 이스라엘 목전에서(모든백성(성도) 앞에서)

3. 모세가 말하는 내용은 무엇입니까 ?
  : 너는 마음을 강하고 담대하게 하라

4. 모세가 여호수아에게 불러 이른 이유는 무엇입니까?
  1) 이스라엘 백성을 거느리고 여호와께서 그들의 열조에게
      주리라 약속하신 땅에 들어가야 하기 때문

  2) 그들로 그 땅을 얻게 해야 하기 때문

문맥설교 틀과 주제
대지들을 (Why?질문법)
으로 만들었습니다.

- 6 -

[**문맥설교 틀**]은 본문을 문맥성경으로 주해한 것으로서 설교강해 틀이라고 생각하시면 됩니다. 3대지를 고집하지 않고 자연스럽게 본문이 표현하는 방식을 그대로 적용했습니다.

설교자들은 이렇게 만들어진 [**문맥설교 틀**]을 보시고 자신만의 설교 방법으로 발전시켜 더 좋은 설교 원고를 얻을 수 있을 것입니다.

오른쪽 페이지의 [**설교노트**]에는 자신만의 노트를 만들 수 있도록 했습니다. 노트 하단에 있는 4개의 표제는 절기와 예배의 상황에 맞게 활용하시면 됩니다.

절기예배: 절기와 예배의 종류를 표기합니다.
성도상황: 성도들이 처한 절기와 예배에 대한 상황을 설명합니다.
찬 송 가: 새찬송가에 맞춘 찬송가 두 편을 넣었습니다.
C. C. M: 절기와 예배에 어울리는 복음송이나 CCM 두 편을 넣었습니다.

절기와 예배, 성도의 상황, 찬송가와 찬양곡이 설교자의 생각과 맞지 않을 수 있습니다. 이것은 교회와 교단마다 상황이 다르기 때문에 목회자와 교회 상황에 맞게 충분히 바꿔서 활용하시면 됩니다.

본서에 수록된 한절 설교 112절은 SBI(서울성경연구원)의 간사 10명이 함께 만든 것입니다. 지면을 통해 참여하신 연구원 간사님들의 노고에 깊은 감사를 드리며 한국교회의 설교강단에 본서가 다시 한 번 말씀의 부흥에 불씨를 당기는 역할이 되길 바랍니다.

좀 더 자세한 안내와 문의 그리고 문맥 세미나에 대해서 궁금하시다면 연구원 홈페이지 www.sbi66.org 또는 네이버 카페 '설교 건축가'를 방문하시거나 유튜브 채널 '한절설교'를 검색하시면 됩니다.

대표 저자
박종원 목사

목 차

Ⅲ 부 색 인

Ⅰ부　절기설교

(101) 본문: [신 31:7]

모세가 여호수아를 불러 온 이스라엘 목전에서 그에게 이르되 너는 마음
을 강하게 하고 담대히 하라 너는 이 백성을 거느리고 여호와께서 그들의
열조에게 주리라고 맹세하신 땅에 들어가서 그들로 그 땅을 얻게 하라

[문맥성경]

모세가   여호수아를 **불러**
     온 이스라엘 목전에서 그에게 **이르되**
      /너는----마음을 강하게 하고
        --담대히 하라

      //(이유:כ, for)
       너는--땅에 들어가서
         /여호와께서-맹세하신
            /그들의 열조에게
            /주리라고
        /이 백성을 거느리고

       --그들로 그 땅을 얻게 하라

[문맥설교 틀]

주제: 강하고 담대하라

1. 모세가 누구를 불러 말하고 있습니까?

  : 여호수아(새로운 지도자)

2. 모세는 여호수아에게 말할 때 어디서 말했습니까?

  : 온 이스라엘 목전에서(모든 백성(성도) 앞에서)

3. 모세가 말하는 내용은 무엇입니까 ?

  : 너는 마음을 강하고 담대하게 하라

4. 모세가 여호수아에게 불러 이른 이유는 무엇입니까?

 1) 이스라엘 백성을 거느리고 여호와께서 그들의 열조에게
    주리라 약속하신 땅에 들어가야 하기 때문

 2) 그들로 그 땅을 얻게 해야 하기 때문

절기예배: 신년예배
성도상황: 새로운 지도자나 새해를 맞이하는 성도에게
찬 송 가: 352장(십자가 군병들아), 354장(주를 앙모하는 자)
C C M : 예수 이름 높이세, 강하고 담대하라

(102) 본문: [시 1:3]

저는 시냇가에 심은 나무가 시절을 좇아 과실을 맺으며 그 잎사귀
가 마르지 아니함 같으니 그 행사가 다 형통하리로다

[문맥성경]

저는   **나무(가)...같으니**
　　　　　　/시냇가에 심은
　　　　　　/[그것이]──**맺으며**
　　　　　　　　　　　/과실을
　　　　　　　　　　　/시절을 좇아
　　　　　　/그 잎사귀가──**마르지 아니함**

　　//(결과: 그래서)
　　　　그 행사가──**형통하리로다**
　　　/다(=모든)

[문맥설교 틀]

주제: 시냇가에 심은 나무처럼 사세요!

1. 시절을 좇아 과실을 맺게 됩니다

2. 그 잎사귀가 마르지 아니합니다

3. 시냇가에 심은 나무는 결국 어떻게 됩니까?
　: 모든 그 행사가 다 형통하게 됨

[설교노트]

PAGE/ _____

DATE/ _____

_____

_____

_____

_____

_____

_____

_____

_____

_____

_____

_____

_____

_____

_____

_____

_____

_____

절기예배: 신년예배

심방상황: 새해를 맞이하는 성도에게

찬 송 가: 484장(내 맘의 주여 소망되소서), 488장(이 몸의 소망~)

C C M : 하나님은 너를 지키시는 자, 하나님 한 번도 나를~

(103) 본문: [마 7:8]

구하는 이마다 얻을 것이요 찾는 이가 찾을 것이요 두드리는
이에게 열릴 것이니라

[문맥성경]

```
//(이유: γάρ, for)
 구하는이[가] ---얻을 것이요
 /마다
 찾는 이가 ----찾을 것이요
 [그것이] ---- 열릴 것이니라
                /두드리는 이에게
```


[문맥설교 틀]

주제: 새해 새것으로

1. 구하는 이의 결과는 무엇입니까?

  : 구하는 것을 얻을 것임

2. 찾는 이의 결과는 무엇입니까?

  : 찾는 것을 찾을 것임

3. 문을 두드리는 이의 결과는 무엇입니까?

  : 두드리는 문이 열릴 것임

절기예배: 신년예배

성도상황: 새해를 맞이하는 성도에게

찬 송 가: 361장(기도하는 이 시간), 552장(아침 해가 돋을 때)

C C M : 나의 안에 거하라, 주와 같이 길 가는 것

(104) 본문: [요 13:34]

새 계명을 너희에게 주노니 서로 사랑하라 내가 너희를
사랑한 것같이 너희도 서로 사랑하라

[문맥성경]

```
[내가]--------주노니
              /새 계명을
              /너희에게
[너희는]------사랑하라
              /서로
 너희도--------사랑하라
              /서로
              /내가------사랑한 것같이
                        /너희를
```

[문맥설교 틀]

주제: 너희는 사랑하라

1. 사랑하라 명령하신 상황은 무엇입니까?
   : 내가 너희에게 새 계명을 줄 때

2. 누구와 사랑하라고 명령하십니까?
   : 너희가 서로 사랑하라고 명령하심

3. 어떻게 사랑하라고 명령하십니까?
   : 내가 너희를 사랑한 것 같이 사랑하라고 명령하심

_____

_____

_____

_____

_____

_____

_____

_____

_____

_____

_____

_____

_____

_____

_____

_____

절기예배: 신년예배
성도상황: 한 해를 시작하는 년 초 가정예배를 드릴 때
찬 송 가: 304장(그 크신 하나님의 사랑), 397장(주 사랑 안에 살면)
C C M : 그 사랑, 사랑은 언제나

(105) 본문: [엡 6:11]

마귀의 간계를 능히 대적하기 위하여
하나님의 전신갑주를 입으라.

[문맥성경]
너희는 --- **입으라**
　　　　　/전신갑주를
　　　　　/하나님의

　　//(목적)
　　[너희가]--능히 대적하기 위하여
　　　　　/[서는 것에]
　　　　　/간계에 대하여
　　　　　/마귀의

[문맥설교 틀]
주제: 전신갑주를 입으라

1. 누가 전신갑주를 입어야 합니까?
   : 너희가(성도가) 입어야 함

2. 어떤 전신갑주를 입어야 합니까?
   : 하나님의 전신갑주를 입어야 함

3. 전신갑주를 입어야하는 목적은 무엇입니까?
   : 마귀의 간계에 대하여 능히 대적하기 위하여

_____

_____

_____

_____

_____

_____

_____

_____

_____

_____

_____

_____

_____

_____

_____

_____

_____

절기예배: 신년예배

성도상황: 새해를 맞이하는 성도에게

찬 송 가: 348장(마귀들과 싸울지라), 350장(우리들이 싸울 것은)

C C M : 전신갑주 입고, 보라 너희는 두려워 말고

(106) 본문: [빌 3:14]

푯대를 향하여 그리스도 예수 안에서 하나님이 위에서
부르신 부름의 상을 위하여 좇아가노라

[문맥성경]

[형제들아!]
[나는]   **좇아가노라**
            /푯대를 향하여
            /(오직) 한 일을 ┐ 동급/동격
            /상을 위하여 ┘
                /(부르신) 부름의
                /하나님이 (=의)
                /위에서 [의]
                /그리스도 예수 안에서

[문맥설교 틀]

주제: 좇아갑시다!

1. 어디를 향해 좇아가야 합니까?
   : 푯대를 향하여 좇아가야 함

2. 무엇을 위해서 좇아가야 합니까?
   : 오직 한 일 부름의 상을 위하여 좇아가야 함

3. 하나님은 우리를 어떻게 부르셨습니까?
   : 위에서 그리스도 예수 안에서 부르셨음

절기예배: 신년예배

성도상황: 새해를 맞이하는 성도들에게

찬 송 가: 550장(시온의 영광이 빛나는 아침), 552장(아침 해가 돋을 때)

C C M : 우리 보좌 앞에 모였네, 당신은 영광의 왕

(107) 본문: [마 28:8]

그 여자들이 무서움과 큰 기쁨으로 무덤을 빨리 떠나 제자들에게
알게 하려고 달음질할새

[문맥성경]

그 여자들이 **달음질할새**
　　　　　　/알게 하려고(부정사)
　　　　　　/[그의] 제자들에게
　　　　　　/떠나(과거분사)
　　　　　　　/빨리
　　　　　　　/무덤을(=무덤으로부터)
　　　　　　　/무서움과
　　　　　　　　기쁨으로
　　　　　　　　　/큰

[문맥설교 틀]

주제: 부활을 알리는 달음질

1. 누가 달음질 했습니까?

: 여자들이 달음질했음

2. 달음질을 한 목적은 무엇입니까?

: 그의 제자들에게 알게 하려고(주님의 부활을)

3. 어떻게 달음질 했습니까?

1) 빨리 떠남으로
2) 무덤으로부터 떠남으로
3) 무서움과 큰 기쁨으로 떠남으로

절기예배: 부활절

성도상황: 부활의 기쁨이 넘치는 성도에게

찬 송 가: 159장(기뻐 찬송하세), 160장(무덤에 머물러)

C C M : 당신은 영광의 왕, 나는 찬양하리라

(108) 본문: [막 16:14]

그 후에 열 한 제자가 음식 먹을 때에 예수께서 저희에게 나타나사 저희
의 믿음 없는 것과 마음이 완악한 것을 꾸짖으시니 이는 자기의 살아난
것을 본 자들의 말을 믿지 아니함일러라

[문맥성경]

열한 제자가   음식 먹을 때에(상황절, as)
           /그 후에
예수께서   **나타나사**
           /저희에게
        꾸짖으시니
           /믿음 없는 것과
           /저희의
           /마음이 완악한 것을

    //이는(이유: ὅτι, becouse)
    [그들이]--믿지 아니함일러라
              /본 자들의 말을
               /자기의 살아난 것을

[문맥설고 틀]

주제: 부활의 믿음 없음을 꾸짖은 예수님

1. 예수님께서 언제 꾸짖으셨습니까?

 1) 열한 제자가 그 후에 음식 먹을 때에

 2) 예수께서 저희에게 나타나신 후에

2. 예수님께서 꾸짖으신 내용은 무엇입니까?

 1) 저희의 믿음 없는 것을

 2) 마음이 완악한 것을

3. 예수님께서 꾸짖으신 이유는 무엇입니까?

 : 그들이 자기의 살아난 것을 본 자들의 말을 믿지 아니하기 때문에

절기예배: 부활절
성도상황: 부활의 믿음이 연약한 성도에게
찬 송 가: 160장(무덤에 머물러), 545장(이 눈에 아무 증거 아니 뵈어도)
C C M : 오직 믿음으로 , 약한 나로 강하게

(109) 본문: [눅 24:15]

저희가 서로 이야기하며 문의할 때에 예수께서 가까이 이르러
저희와 동행하시나

[문맥성경]

저희가————┬──서로 이야기하며
　　　　　　└──문의할 때에(when)
예수께서　　**가까이 이르러**
　　　　　　동행하시나
　　　　　　/저희와

[문맥설교 틀]

주제: **부활하신 예수님과의 동행**

1. 언제 부활하신 예수님은 동행하십니까?

　1) 저희가 서로 이야기 할 때 동행하심

　2) 저희가 문의할 때에 동행하심

2. 어떻게 부활하신 예수님은 동행하십니까?

　: 가까이 오셔서 동행하심

3. 부활하신 예수님은 누구와 동행하십니까?

　: 저희와(제자: 성도) 동행하심

_____

_____

_____

_____

_____

_____

_____

_____

_____

_____

_____

_____

_____

_____

_____

_____

절기예배: 부활절

성도상황: 부활을 궁금해 하는 성도에게

찬 송 가: 162장(부활하신 구세주), 430장(주와 같이 길 가는 것)

C C M : 동행 , 오직 주의 은혜로

(110) 본문: [요 11:25]

예수께서 가라사대 나는 부활이요 생명이니
나를 믿는 자는 죽어도 살겠고

[문맥성경]

예수께서 **가라사대**
/[그녀에게]
/나는 ┌─── 부활이요
        └···· 생명이니

        믿는 자는 ┌─ 죽어도(=죽을지라도, 상황절, though)
        /나를   └─ 살겠고

[문맥설교 틀]

주제: 예수님의 자기소개

1. 나는 부활이다.

2. 나는 생명이다.

3. 나를 믿는 자는 죽어도 산다.

_____

_____

_____

_____

_____

_____

_____

_____

_____

_____

_____

_____

_____

_____

_____

_____

절기예배: 부활절

심방상황: 부활절을 맞이하는 성도에게

찬 송 가: 165장(주님께 영광), 161장(할렐루야 우리 예수)

C C M : 은혜로다, 비전(우리 보좌 앞에 모였네)

(111) 본문: [요 20:17]

예수께서 이르시되 나를 만지지 말라 내가 아직 아버지께로 올라가지 못하였노라 너는 내 형제들에게 가서 이르되 내가 내 아버지 곧 너희 아버지, 내 하나님 곧 너희 하나님께로 올라간다 하라 하신대

[문맥성경]

예수께서 　　**이르시되**(...하신대)
　　　　　　　/[그녀에게]
　　　　　　　/[너는]———**만지지 말라**
　　　　　　　　　　　/나를

　　　　　　　//(이유: γάρ, for)
　　　　　　　　내가——(아직)올라가지 못하였노라
　　　　　　　　　　　/아버지께로

　　　　너는┬──가서
　　　　　　　/내 형제들에게
　　　　　　└**이르되**(...하라)
　　　　　　　/[그들에게]
　　　　　　　/내가——올라간다
　　　　　　　　　　　/내 하나님
　　　　　　　　　　　/(곧)너희 하나님께로
　　　　　　　　　　　/내 아버지
　　　　　　　　　　　/(곧)너희 아버지[께로]

[문맥설고 틀]

주제: 승천하시는 주님

서론: 예수께서 그녀에게 말씀하셨다

1. 너는 나를 만지지 말라

　1) 이유: 내가 아직 아버지께로 올라가지 못했기 때문에

2. 너는 내 형제들에게 가라

3. 그들에게 말하라

　1) 내용: 내가 내 아버지 곧 너희 아버지, 내 하나님 곧 너희
　　　하나님께로 올라간다 하라

_____

_____

_____

_____

_____

_____

_____

_____

_____

_____

_____

_____

_____

_____

_____

_____

절기예배: 부활절

성도상황: 부활을 소망하는 성도들에게

찬 송 가: 146장(거기 너 있었는가), 160장(무덤에 머물러)

C C M : 보혈을 지나, 모든 능력과 모든 권세

(112) 본문: [롬 8:11]

예수를 죽은 자 가운데서 살리신 이의 영이 너희 안에 거하시면
그리스도 예수를 죽은 자 가운데서 살리신 이가 너희 안에 거하시는
그의 영으로 말미암아 너희 죽을 몸도 살리시리라

[문맥성경]

[만일, εἰ]
영이   거하시면(조건절, if)
  /살리신 이의   /너희 안에
    /예수를
    /죽은 자 가운데서
살리신 이가   **살리시리라**
  /그리스도 예수를   /몸도
  /죽은 자 가운데서   /너희
                /죽을
                /영으로 말미암아
                /그의
                /거하시는
                  /너희 안에

[문맥설교 틀]

주제: 우리 몸도 부활됩니다!

1. 우리의 몸은 워낙 어떤 몸 입니까?

  : 죽을 몸

2. 우리는 어떻게 부활할 수 있습니까?

  1) 그리스도 예수를 죽은 자 가운데서 살리신 이가 살리심으로

  2) 우리 안에 거하시는 그의 영으로 말미암아

3. 우리가 부활 할 수 있는 조건은 무엇입니까?

  : 예수를 죽은 자 가운데서 살리신 이의 영이 우리 안에 거하시면

_____

_____

_____

_____

_____

_____

_____

_____

_____

_____

_____

_____

_____

_____

_____

_____

절기예배: 부활절

성도상황: 우리 몸의 부활에 대해서 알고 싶은 성도에게

찬 송 가: 164장(예수 부활했으니), 171(하나님의 독생자)

C C M : 살아계신 주, 승리는 내 것일세

(113) 본문: [고전 15:4]

장사 지낸바 되었다가 성경대로 사흘 만에 다시 살아나사

[문맥성경]

그리스도께서---**장사지낸바 되었다가**
　　　　　　　다시 살아나사
　　　　　　　/사흘 만에
　　　　　　　/성경대로

[문맥설교 틀]

주제: 다시 사신 그리스도

1. 언제 다시 사셨습니까?

: 장사 지낸바 되었다가 다시 사심

2. 어떻게 다시 사셨습니까?

1) 사흘 만에 다시 사심
2) 성경대로 다시 사심

절기예배: 부활절

성도상황: 부활절을 맞이하는 성도에게

찬 송 가: 164장(예수 부활 했으니), 161장(할렐루야 우리 예수)

C C M : 마라나타, 예수 열방의 소망

(114) 본문: [골 2:12]

너희가 세례로 그리스도와 함께 장사한바 되고 또 죽은 자들 가운데서 그를 일으키신 하나님의 역사를 믿음으로 말미암아 그 안에서 함께 일으키심을 받았느니라

[문맥성경]

/너희가 **함께 장사한바 되고**(과거분사)
 /그리스도와(=그와)
 /세례로

/또 그[의] 안에서
[너희개] **함께 일으키심을 받았느니라**
   /믿음으로 말미암아
    /역사를(=의)
     /하나님의
      /일으키신
       /그를
        /죽은 자들 가운데서

[문맥설교 틀]

주제: 함께 일어나라 (부활)

1. 언제 함께 일어납니까?
 : 너희가 세례로 그리스도와 함께 장사될 때에

2. 어떻게 함께 일어납니까?
 : 하나님의 역사를 믿음으로

3. 하나님의 역사는 무엇입니까?
 : 죽은 자들 가운데서 그(그리스도)를 일으키신 하나님의 역사

절기예배: 부활절

성도상황: 부활의 신앙을 사모하는 성도들에게

찬 송 가: 165장(주님께 영광), 167장(즐겁도다 이날)

C C M : 주님 다시 오실 때가지, 주가 보이신 생명의 길

(115) 본문: [벧전 1:3]

찬송하리로다 우리 주 예수 그리스도의 아버지 하나님이 그 많으신 긍휼대로 예수 그리스도의 죽은 자 가운데서 부활하심으로 말미암아 우리를 거듭나게 하사 산 소망이 있게 하시며

[문맥성경]

찬송하리로다   **아버지 하나님**(이)
           /예수 그리스도의
           /우리 주
           /거듭나게 하사(=거듭나게 하신)
           /우리를
           /긍휼대로
           /그[의]
           /많으신
           /소망이 있게 하시며(=소망을 위한)
           /산
           /부활하심으로 말미암아
           /예수 그리스도의
           /죽은 자 가운데서

[문맥설교 틀]

주제: 하나님을 찬송하라

1. 하나님과 우리의 관계는 무엇입니까?

  : 우리 주 예수 그리스도의 아버지

2. 하나님을 찬송해야 하는 이유는 무엇입니까?

  1) 우리를 거듭나게(새로 태어나게) 하셨기 때문에

  2) 거듭나게 하시는 방법은 무엇입니까?

    : 그의 많으신 긍휼대로

3. 하나님을 찬송해야 하는 두 번째 이유는 무엇입니까?

  1) 부활의 산 소망을 갖게 하셨기 때문에

  2) 산 소망을 갖게 하시는 방법은 무엇입니까?

    : 예수 그리스도의 죽은 자 가운데서 부활하심으로 말미암아

_____

_____

_____

_____

_____

_____

_____

_____

_____

_____

_____

_____

_____

_____

_____

_____

_____

_____

절기예배: 부활절

성도상황: 부활을 주신 하나님을 찬양해야 하는 성도에게

찬 송 가: 165장(주님께 영광), 488장(이 몸의 소망 무언가)

C C M : 온 맘 다해, 내게 있는 향유옥합

(116) 본문: [창 37:28]

때에 미디안 사람 상고들이 지나는지라 그들이 요셉을 구덩이에서 끌어
올리고 은 이십 개에 그를 이스마엘 사람들에게 팔매 그 상고들이 요셉
을 데리고 애굽으로 갔더라

[문맥성경]

때에(상황)
상고들이-----**지나는지라**
　/미디안 사람
그들이------**끌어**
　　　　올리고
　　　　/요셉을
　　　　/구덩이에서
　　　　팔매
　　　　/그를
　　　　/이스마엘 사람들에게
　　　　/은 이십 개에
그 상고들이---**갔더라**
　　　　/요셉을 데리고
　　　　/애굽으로

[문맥설고 틀]

주제: 형들이 요셉을 팔았다

1. 언제 팔았습니까?
 1) 미디안 사람 상고들이 지나갈 때에
 2)그들이 요셉을 구덩이에서 끌어올린 후
2. 누구에게 팔았습니까?
  : 이스마엘 사람에게 팔았음
3. 얼마에 팔았습니까?
  : 은 이십 개에 팔았음
4. 형들이 요셉을 판결과는 무엇입니까?
  : 그 상고들이 요셉을 데리고 애굽으로 갔음

_____

_____

_____

_____

_____

_____

_____

_____

_____

_____

_____

_____

_____

_____

_____

_____

절기예배: 사순절

성도상황: 고난 속에 은혜를 갈망하는 성도에게

찬 송 가: 149장(주 달려 죽은 십자가), 150장(갈보리산 위에)

C C M : 주님여 이손을, 내가 그리스도와 함께

(117) 본문: [사 53:2]

그는 주 앞에서 자라나기를 연한 순 같고 마른 땅에서 나온 줄기 같아서 고운 모양도 없고 풍채도 없은즉 우리의 보기에 흠모할 만한 아름다운 것이 없도다

[문맥성경]

그는 **자라나기를**
      /주 앞에서
      /연한 순 같고
      /마른 땅에서 나온 줄기 같아서
      /고운 모양도 없고
      /풍채도 없은즉

   //
   보기에 — 흠모할 만한(것이 없도다)
   /우리의   아름다운 것이 없도다

[문맥설교 틀]

주제: 예수님의 고난의 모양

1. 연한 순 같다
2. 마른 땅에서 나온 줄기 같다
3. 고운 모양도 없다
4. 풍채도 없다
5. 우리의 보기에 흠모할 만한 것도 없다
6. 우리의 보기에 아름다운 것도 없다

절기예배: 사순절

성도상황: 주님의 고난을 묵상하는 성도들에게

찬 송 가: 144장(예수 나를 위하여), 150장(갈보리 산 위에)

C C M : 우리 죄 위해 죽으신 주, 그가 찔림은

(118) 본문: [눅 23:34]

이에 예수께서 가라사대 아버지여 저희를 사하여 주옵소서 자기의 하는
것을 알지 못함이니이다 하시더라 저희가 그의 옷을 나눠 제비 뽑을 새

[문맥성경]

아버지여!
[당신은]　　　　**사하여 주옵소서**
　　　　　　　/저희를

　　//(이유: for)
　　　　저희가－－－－알지 못함이니이다.
　　　　　　　　　　/자기의 하는 것을

[문맥설고 틀]

주제: 사하여 주옵소서!

1. 누구에게 구하고 있습니까? : 아버지께

2. 누구를 사하여 달라 하십니까? 저희를

3. 사하여 달라는 이유는 무엇입니까?
　: 저희가 자기의 하는 것을 알지 못하기 때문에

절기예배: 사순절(가상칠언)
성도상황: 사순절 기간 중에 있는 성도들에게
찬 송 가: 80장(천지에 있는 이름 중), 305장(나 같은 죄인 살리신)
C C M : 모든 능력과 모든 권세, 보혈을 지나

(119) 본문: [롬 5:8]

우리가 아직 죄인 되었을 때에 그리스도께서 우리를 위하여 죽으심으로
하나님께서 우리에게 대한 자기의 사랑을 확증하셨느니라

[문맥성경]
하나님께서----**확증하셨느니라**
　　　　　　　　/사랑을
　　　　　　　　/자기의
　　　　　　　　/우리에게 대한
　　　　　　/(동격)
　　　　　　우리가---죄인 되었을 때에(상황)
　　　　　　　　　　/아직
　　　　　　그리스도께서-죽으심으로
　　　　　　　　　　　/우리를 위하여

[문맥설고 틀]
주제: 하나님의 확증

1. 하나님께서 확증하신 것은 무엇입니까?
   : 우리에게 대한 자기의 사랑을 확증하셨음

2. 언제 확증하셨습니까?
   : 우리가 아직 죄인 되었을 때에 확증하셨음

3. 어떻게 확증하셨습니까?
   : 그리스도께서 우리를 위하여 죽으심으로 확증하셨음

절기예배: 사순절

성도상황: 사순절 기간을 보내는 성도들에게

찬 송 가: 144장(예수 나를 위하여), 143장(웬 말인가 날 위하여)

C C M : 친구의 고백, 사명자의 길

(120) 본문: [롬 8:17]

자녀이면 또한 후사 곧 하나님의 후사요 그리스도와 함께 한 후사니
우리가 그와 함께 영광을 받기 위하여 고난도 함께 받아야 될 것이니라

[문맥성경]

[만일]
[우리가]   자녀이면(조건절, if)
           또한 후사[이니]
           곧 후사요
             /하나님의
           함께 한 후사니
             /그리스도와
           고난도 함께 받아야 될 것이니라

      //(목적 εἰ, so that...may)
      [우리가]--(그와) 함께 영광을 받기 위하여

[문맥설교 틀]

주제: 우리는 하나님의 자녀입니다.

1. 하나님의 자녀이면 무슨 권리를 받습니까?
  : 상속자의 권리를 받음

2. 우리와 함께 상속자가 된 분은 누구십니까?
  : 예수 그리스도이심

3. 우리가 그리스도와 함께 고난을 받아야 하는 목적은 무엇입니까?
  : 우리가 그와 함께 영광을 받기 위하여

_____

_____

_____

_____

_____

_____

_____

_____

_____

_____

_____

_____

_____

_____

_____

_____

절기예배: 사순절

성도상황: 고난 주간을 보내는 성도에게

찬 송 가: 336장(환난과 핍박 중에도), 337장(내 모든 시험 무거운 짐을)

C C M : 오직 믿음으로, 십자가의 길 순교자의 삶

(121) 본문: [고후 1:7]

너희를 위한 우리의 소망이 견고함은 너희가 고난에 참예하는
자가 된 것같이 위로에도 그러할 줄을 앎이라

[문맥성경]

소망이 ----- **견고함은**
　　/우리의
　　/너희를 위한

　　　　　//(이유: 완료분사, because-NKJV)
　　　　　앎이라
　　　　　　/너희가 ---참여하는 자가 된 것같이
　　　　　　　　/고난에
　　　　　　　---그러할 줄을
　　　　　　　　/위로에도

[문맥설교 틀]

주제: 성도를 위한 견고한 소망

1. 누구의 소망입니까?

　: 우리의 소망(지도자의 소망)

2. 누구를 위한 소망입니까?

　: 너희를 위한 소망(성도를 위한 소망)

3. 성도의 소망이 견고한 이유는 무엇입니까?

　1) 성도가 고난에 참여한 자가 된 것을 알았기 때문
　2) 성도가 위로에도 참여한 줄을 알았기 때문

_____

_____

_____

_____

_____

_____

_____

_____

_____

_____

_____

_____

_____

_____

_____

_____

_____

절기예배: 사순절

성도상황: 고난속의 위로가 필요한 성도에게

찬 송 가: 406장(곤한 내 영혼 편히~), 410장(내 맘에 한 노래있어)

C C M : 우리 보좌 앞에 모였네, 하나님의 음성을

(122) 본문: [요 1:32]

요한이 또 증거하여 가로되 내가 보매 성령이 비둘기 같이 하늘로서
내려와서 그의 위에 머물렀더라

[문맥성경]

```
또
요한이        증거하여 가로되(...하니라)
             /내가 ──── 보매
                   /성령이(=을)
                    /내려와서(=오는)
                     /하늘로서
                     /비둘기같이
         [그가]────머물렀더라
                 /그의 위에
```

[문맥설교 틀]

주제: 요한의 증거

서론:
요한이 증거하여 말한 내용은 무엇입니까?

1. 내가 보았다
   : 성령이 비둘기같이 하늘로서 내려오는 것을 봄

2. 그가(성령이) 그의 위에 머물렀더라

[설교노트]

절기예배: 성령강림주일

성도상황: 성령강림주일을 맞는 성도들에게

찬 송 가: 182장(강물같이 흐르는 기쁨), 187장(비둘기 같이 온유한)

C C M : 우리 모일 때 주 성령 임하리, 마지막 날에

(123) 본문: [요 14:17]

저는 진리의 영이라 세상은 능히 저를 받지 못하나니 이는 저를 보지도 못하고 알지도 못함이라 그러나 너희는 저를 아나니 저는 너희와 함께 거하심이요 또 너희 속에 계시겠음이라

[문맥성경]

```
저는-----영이라
         /진리의
         /저를
         세상은--능히 받지 못하나니

   //이는(이유)
      그것은--보지도 못하고
             --알지도 못함이라
                    /저를
그러나
너희는----아나니
         /저를

   //(이유)
      저는---거하심이요
            /너희와 함께
            또 계시겠음이라
            /너희 속에
```

[문맥설교 틀]

주제: 진리의 영

1. 세상은 능히 저를 받지 못하는 영
2. 세상은 보지도 못하고 저를 알지도 못하는 영
3. 그러나 너희는(성도) 알 수 있는 영

  1) 저는 너희와 함께 거하시기 때문에

  2) 또 너희 속에 계시기(존재) 때문에

_____

_____

_____

_____

_____

_____

_____

_____

_____

_____

_____

_____

_____

_____

_____

_____

절기예배: 성령강림주일

성도상황: 성령을 알기 원하는 성도에게

찬 송 가: 191장(내가 매일 기쁘게), 187장(불길 같은 주 성령)

C C M : 마지막 날에, 우리 주의 성령이

(124) 본문: [요 14:26]

보혜사 곧 아버지께서 내 이름으로 보내실 성령 그가 너희에게
모든 것을 가르치시고 내가 너희에게 말한 모든 것을 생각나게 하시리라

[문맥성경]

보혜사 그가-----**가르치시고**
  (곧)성령   /너희에게
   /아버지께서 보내실   /모든 것을
       ---**생각나게 하시리라**
          /모든 것을
            /내가---말한
                /너희에게

[문맥설고 틀]

주제: 보혜사 성령

1. 보혜사 성령은 누가 보내십니까?

  : 아버지께서 보내심

2. 보혜사 성령이 하시는 일은 무엇입니까?

 1) 너희에게 모든 것을 가르치심

 2) 너희에게 내가(예수님) 말한 모든 것을 생각나게 하심

_____

_____

_____

_____

_____

_____

_____

_____

_____

_____

_____

_____

_____

_____

_____

절기예배: 성령강림주일

성도상황: 성령(보혜사)에 대해서 알기 원하는 성도에게

찬 송 가: 190장(성령이여 강림하사), 195장(성령이여 우리 찬송 부를 때)

C C M : 예수 귀하신 이름, 우리 모일 때 주 성령 임하리

(125) 본문: [행 2:4]

저희가 다 성령의 충만함을 받고 성령이 말하게 하심을 따라
다른 방언으로 말하기를 시작 하니라

[문맥성경]

저희가   **충만함을 받고**
 /다   /성령의

       시작 하니라
       /말하기를
        /다른 방언으로
        /성령이 말하게 하심을 따라

[문맥설고 틀]

주제: 성령의 충만함을 받자

1. 누가 성령의 충만함을 받았습니까?

 : 저희가 다 성령의 충만함을 받음

2. 성령의 충만함을 받은 증거는 무엇입니까?

 1) 다른 방언으로 말하기를 시작함

 2) 성령의 말하게 하심을 따라 말하기를 시작함

_____

_____

_____

_____

_____

_____

_____

_____

_____

_____

_____

_____

_____

_____

_____

_____

_____

절기예배: 성령강림주일

성도상황: 성령강림주일에 성령 충만을 받기 원하는 성도에게

찬 송 가: 184장(불길 같은 주 성령), 190장(성령이여 강림하사)

C C M : 내가 주인 삼은 모든 것, 우리 모일 때 주 성령 임하리

(126) 본문: [엡 5:18]

술 취하지 말라 이는 방탕한 것이니
오직 성령의 충만을 받으라

[문맥성경]

[너희는]　　　　**취하지 말라**
　　　　　　　　/술[에]
　　　　　　　　　　/이는(=그 안에)
　　　　　　　　　　　방탕한 것이니(=방탕함이 있는)

　　　　　오직 **충만을 받으라**
　　　　　　　　/성령의

[문맥설고 틀]

주제: 성령 충만

1. 오직 성령의 충만을 받으라

2. 술에 취하지 말면서 성령의 충만을 받으라

3. 왜 술에 취하지 말고 성령의 충만을 받으라고 합니까?
　: 술은 그 안에 방탕함이 있는 것이기 때문에

_____

_____

_____

_____

_____

_____

_____

_____

_____

_____

_____

_____

_____

_____

_____

_____

_____

_____

절기예배: 성령강림주일

성도상황: 성령을 사모하는 성도들에게

찬 송 가: 182장(강물같이 흐르는 기쁨), 191장(내가 매일 기쁘게)

C C M : 주님 다시 오실 때까지, 두 손 들고

(127) 본문: [마 3:16]

예수께서 세례를 받으시고 곧 물에서 올라 오실 새 하늘이 열리고
하나님의 성령이 비둘기 같이 내려 자기 위에 임하심을 보시더니

[문맥성경]

예수께서   세례를 받으시고(=받으신 후에, after)
          올라오실 새
          /곧
          /물에서
[보라, ἰδού]
하늘이   **열리고**
          /[그에게]
[그가]   **보시더니**
          /성령이────┬내려
            /하나님의 │ /비둘기같이
                  └**임하심을**
                    /자기 위에

[문맥설고 틀]

주제: 하늘이 열리고

1. 하늘이 누구에게 열렸습니까?

　: 그(예수님)에게 열렸음

2. 언제 하늘이 열렸습니까?

　1) 예수께서 세례를 받으신 후에

　2) 곧 물에서 올라오실 때에

3. 하늘이 열리고 그(예수님)가 보신 것은 무엇입니까?

　1) 하나님의 성령이 비둘기 같이 내려옴을 봄

　2) 하나님의 성령이 자기위에 임하심을 봄

[설교노트]

절기예배: 삼위일체 주일

성도상황: 삼위일체 주일을 맞이하는 성도들에게

찬 송 가: 11장(홀로 한 분 하나님께), 16장(은혜로신 하나님 우리 주~)

C C M : 삼위일체 송, 우물가의 여인처럼

(128) 본문: [마 28:19]

그러므로 너희는 가서 모든 족속으로 제자를 삼아
아버지와 아들과 성령의 이름으로 세례를 주고

[문맥성경]

그러므로
너희는 ┌─ **가서**
       └─ **제자를 삼아**
          /모든 족속으로(=을)
          /세례를 주고(현재분사)
          /[그들을]
          /이름으로
             /아버지와
              아들과
              성령의

[문맥설고 틀]

주제: 제자를 삼아라

1. 누구를 제자 삼아야 합니까?

　: 모든 족속을

2. 어떻게 제자 삼아야 합니까?

　1) 가서

　2) 그들을 세례를 줌으로

3. 누구의 이름으로 세례를 줍니까?

　1) 아버지의 이름으로

　2) 아들의 이름으로

　3) 성령의 이름으로

절기예배: 삼위일체주일

성도상황: 삼위일체 주일을 맞는 성도들에게

찬 송 가: 7장(성부 성자 성령), 10장(전능왕 오셔서)

C C M : 그 사랑 얼마나, 사랑하는 나의 아버지

(129) 본문: [고후 13:13]

주 예수 그리스도의 은혜와 하나님의 사랑과 성령의 교통하심이
너희 무리와 함께 있을지어다

[문맥성경]

은혜와   **(있을지어다)**
  /주 예수 그리스도의   /너희와 함께
사랑과   /무리(=모든)
  /하나님의
교통하심이
  /성령의

[문맥설고 틀]

주제: 축복합니다

1. 주 예수 그리스도의 은혜가

2. 하나님의 사랑이

3. 성령의 교통하심이

   모든 너희와 함께 있을지어다!

절기예배: 삼위일체주일
성도상황: 축복을 받아야 하는 성도들에게
찬 송 가: 8장(거룩 거룩 거룩 전능하신 주님), 327장(주님 주실 화평)
C C M : 오소서 진리의 성령님, 주께 힘을 얻고

(130) 본문: [마 21:9]

앞에서 가고 뒤에서 따르는 무리가 소리 질러 가로되 호산나 다윗
의 자손이여 찬송하리로다 주의 이름으로 오시는 이여 가장 높은
곳에서 호산나 하더라

[문맥성경]

무리가   **소리 질러 가로되**(...하더라)
 /앞에서 가고   /호산나!
  /[그를]   /다윗의 자손이여(=에게)
 /뒤에서 따르는   오시는 이여(=가)--찬송하리로다(=받으리라)
                    /주의 이름으로
                 호산나!
                    /가장 높은 곳에서

[문맥설고 틀]

주제: **무리의 소리 지름**

1. 어떤 무리 입니까?
 1) 그를 앞에서 가는 무리
 2) 뒤에서 따르는 무리

2. 무엇이라고 소리를 질렀습니까?
 1) "다윗의 자손에게 호산나!" 라고 소리 지름
 2) "주의 이름으로 오시는 이가 찬송을 받을 것이다"고 소리 지름
 3) "가장 높은 곳에서 호산나!" 라고 소리 지름

절기예배: 종려주일

성도상황: 종려주일을 맞이하는 성도에게

찬 송 가: 142장(시온에 오시는 주), 521장(구원으로 인도하는)

C C M : 호산나 호산나, 예수 우리 왕이여

(131) 본문: [눅 19:38]

가로되 찬송하리로다 주의 이름으로 오시는 왕이여
하늘에는 평화요 가장 높은 곳에는 영광이로다 하니

[문맥성경]

　/찬송하리로다
　　주의 이름으로 오시는 왕이여!
　　평화요
　　　/하늘에는
　　영광이로다
　　　/가장 높은 곳에는

[문맥설고 틀]

주제:　찬송합시다

1. 주의 이름으로 오시는 왕을 찬송함

2. 하늘에는 평화인 것을 찬송함

3. 가장 높은 곳에는 영광임을 찬송함

_____

_____

_____

_____

_____

_____

_____

_____

_____

_____

_____

_____

_____

_____

_____

_____

_____

절기예배: 종려주일

성도상황: 종려주일을 맞이하는 성도들에게

찬 송 가: 141장(호산나 호산나), 154장(생명의 주여 면류관)

C C M : 마음이 상한 자를, 손을 높이 들고 주를 찬양

(132) 본문: [롬 1:17]

복음에는 하나님의 의가 나타나서 믿음으로 믿음에 이르게 하나니
기록된바 오직 의인은 믿음으로 말미암아 살리라 함과 같으니라

[문맥성경]

```
//(이유: γάρ, for)
  의가              나타나서
   /하나님의      /복음에는
                /믿음으로
                /믿음에 이르게(하나니)
                /기록된 바 ..함과 같으니라(=같이)
                   /오직 의인은 믿음으로 말미암아 살리라
```

[문맥설고 틀]

주제: 하나님의 의가 나타났다

1. 무엇에 하나님의 의가 나타납니까?

  : 복음에는 나타남

2. 하나님의 의가 복음에 나타난 목적은 무엇입니까?

  : 믿음으로 믿음에 이르게 하려고 나타남

3. 하나님의 의가 어떻게 나타났습니까?

  : "오직 의인은 믿음으로 살리라"고 기록된 바와 같이 나타났음

절기예배: 종교개혁주일

성도상황: 종교개혁주일을 맞이하는 성도에게

찬 송 가: 585장(내 주는 강한 성이요), 586장(어느 민족 누구게나)

C C M : 세상 흔들리고, 많은 이들 말하고

(133) 본문: [마 21:13]

저희에게 이르시되 기록된바 내 집은 기도하는 집이라 일컬음을
받으리라 하였거늘 너희는 강도의 굴혈을 만드는도다 하시니라

[문맥성경]

이르시되(...하시니라)
　　/저희에게
　　/[그것이]─────기록된 바... 하였거늘(=기록되었거늘)
　　　　　　　　/내 집은　　일컬음을 받으리라
　　　　　　　　　　　　　　/집이라
　　　　　　　　　　　　　　　　/기도하는
　　　너희는─────만드는 도다
　　　　　　　　　/강도의 굴혈을
　　　　　　　　/[그것을]

[문맥설교 틀]

주제: 개혁은 기도부터

1. 말씀하신 기록은 어디에 있습니까?

[사 56:7]내가 그를 나의 성산으로 인도하여 기도하는 내 집에서
그들을 기쁘게 할 것이며 그들의 번제와 희생은 나의 단에서 기꺼
이 받게 되리니 이는 내 집은 만민의 기도하는 집이라 일컬음이
될 것임이라

2. 우리가 하면 안 되는 일은 무엇입니까?

: 하나님의 집을 강도의 굴혈로 만들면 안 됨

절기예배: 종교개혁주일

성도상황: 종교개혁주일을 맞이하는 성도들에게

찬 송 가: 582장(어둔 밤 마음에 잠겨), 585장(내 주는 강한 성이요)

C C M : 그가 오신 이유, 하나님 아버지의 마음

(134) 본문: [요 1:1]

태초에 말씀이 계시니라 이 말씀이 하나님과 함께 계셨으니
이 말씀은 곧 하나님이시니라

[문맥성경]
말씀이 ----- **계시니라**
　　　　　　/태초에
이 말씀이 --- **계셨으니**
　　　　　　/하나님과 함께
이 말씀은 --- **(곧) 하나님이시니라**

[문맥설교 틀]
주제: 말씀이 계십니다

1. 말씀이 언제부터 계십니까?
　: 태초부터 계심

2. 말씀이 누구와 함께 계십니까?
　: 하나님과 함께 계심

3. 말씀이 곧 누구십니까? : 어떻게 계십니까?
　: 말씀이 곧 하나님이심 / 하나님으로 계심

절기예배: 성서주일
성도상황: 성서주일을 맞이하는 성도들에게
찬 송 가: 200장(달고 오묘한 그 말씀), 203장(하나님의 말씀은)
C C M : 주님 말씀하시면, 주님 뜻대로 살기로 했네

(135) 본문: [요 20:31]

오직 이것을 기록함은 너희로 예수께서 하나님의 아들 그리스도이심을 믿게
하려 함이요 또 너희로 믿고 그 이름을 힘입어 생명을 얻게 하려 함이니라

[문맥성경]

오직
이것을(=이)　　　**기록함은**

　　　//(목적: ινα, that...might)
　　　　너희로---믿게 하려 함이요
　　　　　　　　/예수께서--아들 그리스도이심을
　　　　　　　　　　/하나님의
　　　//또(목적: ινα, that...might)
　　　　너희로---얻게 하려 함이니라
　　　　　　　　/생명을
　　　　　　　　/그[의] 이름을 힘입어
　　　　　　　　/믿고(현재분사)

[문맥설교 틀]

주제: 요한복음서(성경)를 기록한 목적

1. 성경을 기록한 첫 번째 목적은 무엇입니까?

　1) 우리로 믿게 하려고 성경을 기록하심

　　(1)무엇을 믿게 하려 하심 입니까?

　　　: 하나님의 아들 예수그리스도를 믿게 하려 함

2. 성경을 기록한 두 번째 목적은 무엇입니까?

　1) 우리로 생명을 얻게 하기 위함

　　(1)우리가 생명을 어떻게 얻습니까?

　　　: 우리가 그(예수그리스도)의 이름을 믿고 힘입어 얻음

[설교노트]

절기예배: 성서주일
성도상황: 성경이 무엇인가를 알고자 하는 성도에게
찬 송 가: 199장(나의 사랑하는 책), 200장(달고 오묘한 그 말씀)
C C M : 성경 속으로, 성경 목록가

(136) 본문: [딤후 3:15]

또 네가 어려서부터 성경을 알았나니 성경은 능히 너로 하여금 그리스도 예수 안에 있는 믿음으로 말미암아 구원에 이르는 지혜가 있게 하느니라

[문맥성경]
```
또
/네가   알았나니
        /어려서부터
        /성경을
        /(성경은)
            능히 (...하느니라) (=능하게 하는, 분사)
            /너로 하여금(=를)
            /지혜가 있게(=롭게 하는 것을, 부정사)
                /구원에 이르는(=향하여)
                /믿음으로 말미암아
                    /그리스도 예수 안에 있는
```


[문맥설고 틀]

주제: 성경은 어떤 책입니까?

1. 어려서부터 배워야 하는 책

2. 너로 하여금 지혜롭고 능하게 하는 책

3. 그리스도 예수 안에 있는 믿음으로 말미암아
   구원에 이르는 지혜의 책

_____

_____

_____

_____

_____

_____

_____

_____

_____

_____

_____

_____

_____

_____

_____

_____

절기예배: 성서 주일
성도상황: 성서주일을 맞이하거나 성경에 대하여 알기 원하는 성도에게
찬 송 가: 200장(달고 오묘한 그 말씀), 202장(하나님 아버지 주신 책은)
C C M : 내게로 와서 마셔라, 주님 말씀하시면

(137) 본문: [출 23:16]

맥추절을 지키라 이는 네가 수고하여 밭에 뿌린 것의 첫 열매를 거둠이니라 수장절을 지키라 이는 네가 수고하여 이룬 것을 연종에 밭에서부터 거두어 저장함이니라

[문맥성경]

[너는]　　맥추절을 **지키라**

　　//이는(이유: 의미상)
　　　네가 수고하여 밭에 뿌린 것의 첫 열매를 거둠이니라

[너는]　　수장절을 **지키라**

　　//이는(이유:의미상)
　　　네가 수고하여 이룬 것을
　　　연종에 밭에서부터 거두어 저장함이니라

[문맥설교 틀]

주제: 맥추절과 수장절(추수감사절)을 지키라

1. 우리가 지켜야 하는 것은 무엇입니까?
　: 맥추절과 수장절(추수감사절)

2. 맥추절은 왜 지켜야 합니까?
　: 우리가 수고하여 밭에 뿌린 것의 첫 열매를 거두기 때문에

3. 수장절(추수감사절)은 왜 지켜야 합니까?
　: 우리가 수고하여 이룬 것을 연말에 밭에서부터 거두어 저장하기 때문에

절기예배: 추수감사절
심방상황: 맥추절과 수장절(추수감사절)을 맞이한 성도에게
찬 송 가: 591장(저 밭에 농부 나가), 587장(감사하는 성도여)
C C M : 감사함으로 그 문에, 감사해요 깨닫지 못 했었는데

(138) 본문: [대상 23:30]

새벽과 저녁마다 서서 여호와께 축사하며 찬송하며

[문맥성경]

[그들은]   **서서**
          /새벽과 저녁마다

    //(목적: ?, to)
      여호와께 축사하며

    //(목적: ?, to)
      찬송하며

[문맥설교 틀]

주제: 한날의 예배(감사)

(축사하며: יָדָה (야다)손을 펴서 예배하다, 경배하다, 고백하다, 찬양하다, 감사하다)

1. 언제 예배(감사)를 드리는가?

   : 새벽과 저녁마다 예배를 드림(매일의 삶)

2. 새벽과 저녁마다 서는 목적은 무엇입니까?

  1) 여호와께 축사하기 위하여
  2) 찬송하기 위하여

절기예배: 추수감사절

성도상황: 매일의 삶을 감사로 드리기 원하는 성도에게

찬 송 가: 588장(공중 나는 새를 보라) 594장(감사하세 찬양하세)

C C M : 감사해요 깨닫지 못했었는데, 감사함으로

(139) 본문: [요 11:41]

돌을 옮겨 놓으니 예수께서 눈을 들어 우러러 보시고 가라사대
아버지여 내 말을 들으신 것을 감사하나이다

[문맥성경]

[그들이]   **옮겨 놓으니**
               /돌을
예수께서   **우러러 보시고**
               /눈을 들어
             가라사대
             /아버지여!
                [내가]——감사하나이다
                       /[당신께]
                       /[당신이]——들으신 것을
                             /내 말을

[문맥설교 틀]

주제: 예수께서 감사 기도를 하셨다.

1. 언제 감사 기도하셨습니까?
  : 돌을 옮겨 놓은 후에 감사기도를 하셨음

2. 어떻게 감사 기도를 하셨습니까?
  : 눈을 들어 우러러 보시면서 하셨음

3. 무엇이라고 감사기도를 하셨습니까?
  : 당신이 내 말을 들으신 것을 감사하셨음

[설교노트]

PAGE/

DATE/

절기예배: 추수감사절

성도상황: 추수감사절을 맞이하는 성도에게

찬 송 가: 588장(공중 나는 새를 보라), 587장(감사하는 성도여)

C C M : 감사로 제사 드리는 자가, 은혜(손경민)

(140) 본문: [갈 6:8]

자기의 육체를 위하여 심는 자는 육체로부터 썩어질 것을 거두고
성령을 위하여 심는 자는 성령으로부터 영생을 거두리라

[문맥성경]

※7절에 '하나님은 만홀히 여김을 받지 아니하신다' 의 주문장에 걸린 이유 절이다.

```
8 //(이유: οτι, for)
   심는 자는 ─────── 거두고
    /육체를 위하여   /썩어진 것을
      /자기의        /육체로부터
   심는 자는────────거두리라
    /성령을 위하여   /영생을
                    /성령으로부터
```

[문맥설교 틀]

주제: 거둠의 법칙

1. 자기의 육체를 위하여 심는 자는 무엇을 거두게 됩니까?

 1) 썩어진 것을 거두게 됨
 2) 육체로부터 거두게 됨

2. 성령을 위하여 심는 자는 무엇을 거두게 됩니까?

 1) 영생을 거두게 됨
 2) 성령으로부터 거두게 됨

절기예배: 추수감사절

성도상황: 무엇을 거둬야 할지 알아야 하는 성도들에게

찬 송 가: 589장(넓은 들에 익은 곡식), 594장(감사하세 찬양하세)

C C M : 날 구원하신 주 감사, 심은 대로 거두리라

(141) 본문: [사 9:6]

이는 한 아기가 우리에게 났고 한 아들을 우리에게 주신 바 되었는데
그 어깨에는 정사를 메었고 그 이름은 기묘자라, 모사라, 전능하신
하나님이라, 영존하시는 아버지라, 평강의 왕이라 할 것임이라

[문맥성경]

이는
아기가 　　**났고**
　/한 　　　　/우리에게

아들을 　　**주신 바 되었는데**
　/한 　　　　/우리에게

　　　//결과
　　　　그 어깨에는－－ 정사를 메었고
　　　　그 이름은 －－ 　할 것임이라
　　　　　　　　　/기묘자라
　　　　　　　　　/모사라
　　　　　　　　　/전능하신 하나님이라
　　　　　　　　　/영존하시는 아버지라
　　　　　　　　　/평강의 왕이라

[문맥설고 틀]

주제: 우리에게 주신 아들(그 결과)

1. 한 아기가 우리에게서 났다

2. 그 어깨에는 정사를 메었다

3. 그 이름은 기묘자

4. 그 이름은 모사

5. 그 이름은 전능하신 하나님

6. 그 이름은 영존하시는 아버지

7. 그 이름은 평강의 왕이다

_____

_____

_____

_____

_____

_____

_____

_____

_____

_____

_____

_____

_____

_____

_____

_____

_____

절기예배: 성탄절

성도상황: 성탄절에 예수님에 대해 알고자 하는 성도에게

찬 송 가: 89장(샤론의 꽃 예수),104장(곧 오소서 임마누엘)

C C M : 기묘라 모사라, 예수의 이름은

(142) 본문 [마 1:21]

아들을 낳으리니 이름을 예수라 하라 이는 그가 자기 백성을 저희
죄에서 구원할 자이심이라 하니라

[문맥성경]

[그녀가]————**낳으리니**
　　　　　　　/아들을
[너는]————**하라(=부르라)**
　　　　　　　/[그의] 이름을 예수라

　　//이는(이유: γάρ, for)
　　　그가 －－－구원할 자이심이라
　　　　　　　/자기 백성을
　　　　　　　/저희 죄에서

[문맥설교 틀]

주제: 예수라 부르라

1. 언제 불러야 합니까?
　: 그녀가 아들을 낳은 후에

2. 그의 이름을 무엇이라 불러야 합니까?
　: 예수라 불러야 함

3. 예수라 부르는 이유는 무엇입니까?
　1) 그가 자기 백성을 구원할 자이기 때문에
　2) 그가 저희 죄에서 구원할 자이기 때문에

_____

_____

_____

_____

_____

_____

_____

_____

_____

_____

_____

_____

_____

_____

_____

절기예배: 성탄절

성도상황: 성탄을 맞이하는 성도에게

찬 송 가: 115장(기쁘다 구주 오셨네), 121장(우리 구주 나신 날)

C C M : 그 이름 예수, 그가 오신 이유

(143) 본문: [마 2:11]

집에 들어가 아기와 그 모친 마리아의 함께 있는 것을 보고 엎드려
아기께 경배하고 보배합을 열어 황금과 유향과 몰약을 예물로 드리니라

[문맥성경]

[저희가]　　　　들어가(상황절, after)
　　　　　　　　/집에
　　　　　　　보고
　　　　　　　/아기와 (=를)
　　　　　　　/마리아의 함께 (있는 것을)
　　　　　　　　/그[의] 모친
　　　　　　　경배하고
　　　　　　　/엎드려 (과거분사)
　　　　　　　/아기께
　　　　　　　드리니라
　　　　　　　/열어 (과거분사)
　　　　　　　　/[그들의] 보배합을
　　　　　　　/황금과 유향과 몰약을
　　　　　　　/예물로 (=을)
　　　　　　　/[그에게]

[문맥설교 틀]

주제: 박사들의 성탄 축하

1. 언제 박사들은 성탄을 축하 하였습니까? : 저희가 보았을 때

　1) 아기(예수)를 보았을 때

　2) 그의 모친 마리아의 함께 있는 것을 보았을 때

2. 박사들이 경배(축하)한 방법은 무엇입니까?

　1) 엎드려 경배함

　2) 아기께 경배함

3. 박사들이 그에게(아기예수께) 드린 것과 방법은 무엇입니까?

　1) 그들의 보배합을 열어서 드림

　2) 황금과 유향과 몰약을 드림

　3) 예물을 드림

절기예배: 성탄절

성도상황: 성탄을 축하하는 성도들에게

찬 송 가: 116장(동방에서 박사들), 119장(옛날 임금 다윗성에)

C C M : 탄일종이 땡땡땡, 반짝 반짝 성탄 별

(144) 본문: [눅 2:11]

오늘날 다윗의 동네에 너희를 위하여 구주가 나셨으니
곧 그리스도 주시니라

[문맥성경]

구주가 ── **나셨으니**
　　　　　/오늘날
　　　　　/다윗의 동네에
　　　　　/너희를 위하여

　곧 그리스도 주시니라

[문맥설교 틀]

주제: 구주가 나셨다

1. 언제 구주나 나셨습니까?
　: 오늘날 구구가 나셨음

2. 어디에 구구가 나셨습니까?
　: 다윗의 동네에 나셨음

3. 구주가 나신 목적은 무엇입니까?
　: 우리를 위하여 구주가 나심

4. 구주는 곧 누구십니까?/ 구주를 뭐라 부릅니까?
　: 곧 그리스도 주이심/ 곧 그리스도 주라고 부름

절기예배: 성탄절
성도상황: 구주의 탄생을 기뻐하는 성도들에게
찬 송 가: 115장(기쁘다 구주 오셨네), 126장(천사 찬송하기를)
C C M : 예수 이름이 온 땅에, 찬양하라 복되신 구세주 예수

(145) 본문: [눅 2:14]

지극히 높은 곳에서는 하나님께 영광이요
땅에서는 하나님이 기뻐하신 사람들 중에 평화로다 하니라

[문맥성경]

/영광이요
   /하나님께
   /지극히 높은 곳에서는

평화로다
   /사람들 중에
     /기뻐하심을 입은
   /땅에서는

```
(직역문맥)
영광이---[있다]
        /하나님께
        /지극히 높은 곳에(서는)

평화가---[있다]
        /기뻐하심을 입은 사람들 중에
        /땅[위]에(서는)
```

[문맥설고 강해 틀]

주제: 예수님 탄생은~!

1. 영광이 누구에게 있습니까?

  : 하나님께 영광이 있음

2. 영광이 어디에 있습니까?

  : 지극히 높은 곳에 있음

3. 평화가 누구에게 있습니까?

  : 기뻐하심을 입은 사람들 중에 있음

4. 평화가 어디에 있습니까?

  : 땅위에 있음

절기예배: 성탄절

성도상황: 아기예수 탄생을 기뻐하는 성도에게

찬 송 가: 115장(기쁘다 구주 오셨네), 106장(아기 예수 나셨네)

C C M : 노엘, 그 맑고 환한 밤중에

(146) 본문: [요 4:25]

여자가 가로되 메시야 곧 그리스도라 하는 이가 오실 줄을
내가 아노니 그가 오시면 모든 것을 우리에게 고하시리이다

[문맥성경]

※고하시리이다: ἀναγγέλλω (아낭겔로) 자세히 알려주다

[문맥설교 틀]

주제:

1. 아는 내용은 무엇입니까?

: 곧 그리스도라 하는 이 메시야가 오실 줄

2. 그가 오시면 무엇을 하십니까?

: 우리에게 모든 것을 고하심 (자세히 알게 하심)

절기예배: 성탄절
성도상황: 예수님이 오시면 무엇을 알게 되는지 궁금한 성도에게
찬 송 가: 112장(그 맑고 환한 밤중에), 126장(천사 찬송하기를)
C C M : 빛 되신 주, 그가 오신 이유

(147) 본문: [사 43:19]

보라 내가 새 일을 행하리니 이제 나타낼 것이라 너희가 그것을
알지 못하겠느냐 정녕히 내가 광야에 길과 사막에 강을 내리니

[문맥성경]

보라!
내가 　　**행하리니**
　　　　　/새 일을
　　　　　/이제 나타낼 것이라

너희가　**알지 못하겠느냐**
　　　　　/그것을

내가　　정녕히 **내리니**
　　　　　/사막에 강을
　　　　　/광야에 길과

[문맥설고 틀]

주제: 새 일을 행하시는 하나님

1. 하나님은 무엇을 행하십니까?
　1) 새 일을 행하심
　2) 이제 나타낼 것을 행하심

2. 하나님께서 행하시는 일은 어떤 일입니까?
　: 너희가 분명히 알게 될 일

3. 하나님께서는 어떻게 나타내십니까?
　: 정녕히 낼 것이다:

※정녕히: אַף(아프) 참으로, 반드시

절기예배: 송구영신 예배

성도상황: 새해의 새로운 결단이 필요한 성도에게

찬 송 가: 550장(시온의 영광이 빛나는 아침), 551(오늘까지 복과 은혜)

C C M : 모든 상황 속에서, 나 주님의 기쁨

(148) 본문: [고전 15:10]

그러나 내가 나 된 것은 하나님의 은혜로 된 것이니 내게 주신 그의 은혜
가 헛되지 아니하여 내가 모든 사도보다 더 많이 수고하였으나 내가 한 것
이 아니요 오직 나와 함께 하신 하나님의 은혜로라

[문맥성경]

그러나
나의 나 된 것은 --- **(된 것이니)**
　　　　　　　　　　　／하나님의 은혜로
그의 은혜가 ------**헛되지 아니하여**
　／내게 주신

[그러나: αλλα]
내가 -------- **수고하였으나**
　　　　　　　　　／더 많이
　　　　　　　　　／모든 사도보다

내가 아니요
　오직
하나님의 은혜로라
　／나와 함께 하신

[문맥설교 틀]

주제: 하나님의 은혜입니다

1. **누구의 은혜입니까?**

　: 나와 함께하신 하나님의 은혜임

2. **무엇이 하나님의 은혜입니까?**

　1) 나의 나 된 것이 하나님의 은혜임

　2) 내가 모든 사도(누구)보다 더 많이 수고했다고 여기는

　　　모든 것이 하나님의 은혜임 (내가 아님)

3. **은혜의 결과는 어떠합니까?**

　: 헛되지 않음

[설교노트]

PAGE/

DATE/

_____

_____

_____

_____

_____

_____

_____

_____

_____

_____

_____

_____

_____

_____

_____

_____

절기예배: 송구영신 예배(송구)

성도상황: 한 해를 마치면서 연말 성도의 가정 예배 때

찬 송 가: 308장(내 평생 살아온 길), 310장(아 하나님의 은혜로)

C C M : 은혜, 하나님의 은혜

(149) 본문: [고후 5:17]

그런즉 누구든지 그리스도 안에 있으면 새로운 피조물이라
이전 것은 지나갔으니 보라 새 것이 되었도다

[문맥성경]

그런즉(ὥστε)
　[만일, εἰ]
　누구든지　　　　그리스도 안에 있으면(조건절, if)
　　　　　　　　피조물이라
　　　　　　　　/새로운
　이전 것은　　　**지나갔으니**
　보라!
　[그가]　　　　**새 것이 되었도다**

[문맥설고 틀]

주제: 누구든지 그리스도 안에 있으면

1. 새로운 피조물이 된다.

2. 이전 것(사람)은 지나간다.

3. 그는 새것(새사람)이 된다.

_____

_____

_____

_____

_____

_____

_____

_____

_____

_____

_____

_____

_____

_____

_____

_____

_____

_____

절기예배: 송구영신 예배
성도상황: 한 해를 되돌아보며, 새로운 소망의 한 해를 바라보며
찬 송 가: 304장(그 크신 하나님~), 428장(내 영혼에 햇빛 비치니)
C C M : 내 평생 사는 동안, 주만 바라볼지라

II부 일반 예배설교

(150) 본문: [시 37:5]

너의 길을 여호와께 맡기라 저를 의지하면 저가 이루시고

[문맥성경]

[너는]   **여호와께 맡기라**
              /너의 길을
       //저를 의지하면 저가 이루시고

[문맥설교 틀]
주제: 여호와께 맡기라

1. 여호와께 맡기라

2. 너의 길을 맡기라

3. 여호와를 의지하면 저가 이루신다

절기예배: 설립 감사예배
성도상황: 설립 감사예배를 드리는 성도들에게
찬 송 가: 29장(성도여 다 함께), 430장(주와 같이 길 가는 것)
C C M : 예수 하나님의 공의, 성령의 불타는 교회

(151) 본문: [잠 16:9]

사람이 마음으로 자기의 길을 계획할지라도
그 걸음을 인도하는 자는 여호와시니라

[문맥성경]

[비록]
사람이　　　계획할지라도
　　　　　　/자기의 길을
　　　　　　/사람이 마음으로
이는　　　**여호와시니라**
　/인도하시는
　/그의 걸음을

[문맥설교 틀]

주제: 여호와께 맡기라

1. 우리는 무엇을 합니까? (우리의 상황?)

 1) 우리가 자기의 길을 계획함

 2) 우리가 우리의 마음으로 계획함

2. 여호와는 무엇을 하십니까? (어떤 분?)

 1) 우리의 계획을 이루시는 분이심

 2) 우리의 걸을 인도하시는 분이심

절기예배: 설립 감사예배

성도상황: 교회를 설립하는 성도들에게

찬 송 가: 425징(주님의 뜻을 이루소서), 600장(교회의 참된 터는)

C C M : 주가 보이신 생명의 길, 나의 가는 길을

(152) 본문: [잠 16:3]

너의 행사를 여호와께 맡기라 그리하면
너의 경영하는 것이 이루리라

[문맥성경]

[너는]   **여호와께 맡기라**
            /너의 행사를

  //그리하면
    너의 경영하는 것이-- 이루리라

[문맥설교 틀]

주제: 주님께 맡겨라

1. 무엇을 맡겨야 합니까?
  : 너의(교회) 행사를 맡겨야 함

2. 맡긴 결과는 무엇입니까?
  : 너의(교회) 경영하는 것이 이루어짐

절기예배: 설립감사예배

성도상황: 교회 설립 감사예배를 드리는 성도들에게

찬 송 가: 430장(주와 같이 길 가는 것), 569장(선한 목자 되신 우리 주)

C C M : 우릴 사용하소서, 지금 우리는 마음을 합하여

(153) 본문: [마 16:18]

또 내가 네게 이르노니 너는 베드로라 내가 이 반석 위에
내 교회를 세우리니 음부의 권세가 이기지 못하리라

[문맥성경]

또
내가   이르노니
               /네게
너는———————**베드로라**
내가———————**세우리니**
               /내 교회를
               /이 반석 위에
권세가———————**이기지 못하리라**
   /음부의   /[그것을]

[문맥설고 틀]

주제: 내 교회를 세우리라

1. 누구에게 내 교회를 세우리라고 말씀 하셨습니까?
  : 베드로에게 말씀하심

2. 어디에 교회를 세우리라고 하셨습니까?
  : 반석위에 교회를 세운다고 말씀하심 (베드로=반석의 뜻)

3. 반석위에 세운 교회는 어떤 교회입니까?
  : 음부의 권세가 이기지 못하는 교회

절기예배: 설립감사 예배

성도상황: 설립예배 때와 교회에 대하여 알고자 하는 성도에게

찬 송 가: 210장(시온성과 같은 교회), 208장(내 주의 나라와)

C C M : 우리는 주의 움직이는 교회, 내가 내 교회를 세우리니

(154) 본문: [창 22:3]

아브라함이 아침에 일찌기 일어나 나귀에 안장을 지우고 두 사환
과 그 아들 이삭을 데리고 번제에 쓸 나무를 쪼개어 가지고 떠나
하나님의 자기에게 지시하시는 곳으로 가더니

[문맥성경]

아브라함이---**일어나**
　　　　　　/일찌기
　　　　　　/아침에
　　　안장을 지우고
　　　　　/나귀에
　　　데리고
　　　　　/두 사환과
　　　　　　그 아들 이삭을
　　　쪼개어 가지고
　　　　　/나무를
　　　　　　/번제에 쓸
　　　떠나
　　　가더니
　　　　　/하나님의(이) 지시하시는 곳으로
　　　　　/자기에게

[문맥설고 틀]

주제: 이삭을 데리고 떠나는 아브라함

1. 아브라함은 언제 떠났습니까?

　1) 아침 일찍이 떠남

　2) 나귀 안장을 지운 후 떠남

2, 아브라함은 어떻게 떠났습니까?

　1) 두 사환을 데리고 떠남

　2) 번제에 쓸 나무를 쪼개어 가지고 떠남

3. 아브라함은 어디로 떠났습니까?

　: 자기에게 하나님이 지시한 곳으로 떠남

절기예배: 헌신예배
성도상황: 헌신을 다짐하는 성도에게
찬 송 가: 213장(나의 생명 드리니), 216장(성자의 귀한 몸)
C C M : 고난의 길, 주님 손잡고 일어서세요

(155) 본문: [민 13:30]

갈렙이 모세 앞에서 백성을 안돈시켜 가로되 우리가 곧 올라가서 그 땅을 취하자 능히 이기리라 하나

[문맥성경]

갈렙이 　　　 백성을 **조용하게 하고**
　　　　　　　 /모세 앞에서
　　　　　 이르되
　　　　　　　 /우리가----곧 올라가서
　　　　　　　 　　--그 땅을 취하자

　　　　　　 //(이유: ㄱ, for)
　　　　　　　 [우리가]-능히 이기리라 하나

[문맥설고 틀]

주제: 우리가 이기리라

1. 갈렙(지도자)이 말한 상황은 무엇입니까?
 : 모세 앞에서 백성을 조용하게 하고 말함

2. 갈렙(지도자)이 말한 내용은 무엇입니까?
 : 우리가 곧 올라가서 그 땅을 취하자라고 말함

3. 갈렙(지도자)이 그렇게 말한 이유는 무엇입니까?
 : 우리가 능히 이길 수 있기 때문에

절기예배: 헌신예배

성도상황: 영적 전쟁을 준비하는 성도에게

찬 송 가: 93장(예수는 나의 힘이요), 383장(눈을 들어 산을 보니)

C C M : 담대하라, 보라 너희는 두려워 말고

(156) 본문: [신 20:3]

그들에게 이르기를 이스라엘아 들으라 너희가 오늘날 너희의 대적과
싸우려고 나아왔으니 마음에 겁내지 말며 두려워 말며 떨지 말며
그들로 인하여 놀라지 말라

[문맥성경]

[제사장은]　　그들에게 **이르기를**
　　　　　　　/이스라엘아!
　　　　　　　[너희는]---들으라
　　　　　　　/너희가----오늘 나아왔으니

　　　　　　　　//(목적: ?, to)
　　　　　　　　　너희의 대적과 싸우려고

　　　　　　　　--마음에 겁내지 말며
　　　　　　　　--두려워 말며
　　　　　　　　--떨지 말며
　　　　　　　　--그들로 인하여 놀라지 말라하여

[문맥설교 틀]

주제: 대적과 싸움

1. 누가 싸워야 합니까? : 오늘 나온 이스라엘이

2. 이스라엘이 나온 목적은 무엇입니까?
　: 우리의 대적과 싸우기 위함

3. 싸움의 방법은 무엇입니까?
　1) 마음에 겁내지 말아야 함
　2) 두려워하지 말아야 함
　3) 떨지 말아야 함
　4) 그들로 인하여 놀라지 말아야 함

절기예배: 헌신예배

성도상황: 훈련중인 성도에게

찬 송 가: 325(예수가 함께 계시니), 382장(너 근심 걱정 말아라)

C C M : 강하고 담대하라, 승리는 내 것일세

(157) 본문: [눅 11:9]

내가 또 너희에게 이르노니 구하라 그러면 너희에게 주실 것이요 찾으라
그러면 찾을 것이요 문을 두드리라 그러면 너희에게 열릴 것이니

[문맥성경]

또
내가　　　　　**이르노니**
　　　　　　　　/너희에게
　　[너희는]---**구하라**

　　　　　　//그러면(결과)
　　　　　　　　[그것이]--주실 것이요(=주어질 것이요)
　　　　　　　　　　　　/너희에게

　　[너희는]---**찾으라**

　　　　　　//그러면 (결과)
　　　　　　　　[너희가]--찾을 것이요

　　[너희는]---**문을 두드리라**

　　　　　　//그러면(결과)
　　　　　　　　[그것이]--열릴 것이니
　　　　　　　　　　　　/너희에게

[문맥설교 틀]

주제: 기도의 방법

1. 누가 기도해야 합니까?

　: 너희가(당신이) 기도해야 함

2. 어떻게 기도합니까?

　1) 구해야 함

　2) 찾아야 함

　3) 문을 두드려야 함

3. 기도의 결과는 무엇입니까?

　1) 구한 것이 당신에게 주어질 것임

　2) 당신이 (찾는 것을) 찾을 것임

　3) 문이 당신에게 열릴 것임

_____

_____

_____

_____

_____

_____

_____

_____

_____

_____

_____

_____

_____

_____

_____

절기예배: 헌신예배

성도상황: 교회 각 기관의 헌신예배에

찬 송 가: 365장(마음속에 근심 있는 사람), 369장(죄짐 맡은 우리 구주)

C C M : 먼저 그 나라와 의를 구하라, 원하고 바라고 기도합니다

(158) 본문: [빌 1:1]

그리스도 예수의 종 바울과 디모데는 그리스도 예수 안에서
빌립보에 사는 모든 성도와 또는 감독들과 집사들에게 편지하노니

[문맥성경]

바울과 디모데는   **(편지하노니)**
  /종   /성도와(=성도에게)
    /그리스도 예수의   /모든
                        /그리스도 예수 안에서[있는]
                        /빌립보에 사는
                        /또는 감독들과 집사들에게(=감독들과 집사들과 함께한)

[문맥설교 틀]

주제: 성도의 정체성

1. 누가 편지합니까?

  : 그리스도 예수의 종 바울과 디모데(=종 의식을 가지고 있는 성도①)

2. 누구에게 편지합니까?

 1) 그리스도 예수 안에 있는 성도에게(=교회다니는 성도②)

 2) 빌립보에 사는 성도에게(=지역을 대표하는 성도③)

 3) 모든 성도에게(=평등한 성도④)

 4) 감독들과 집사들과 함께 한 성도에게(=조직교회 안에 있는 성도⑤)

_____

_____

_____

_____

_____

_____

_____

_____

_____

_____

_____

_____

_____

_____

_____

_____

_____

절기예배: 헌신예배

성도상황: 헌신예배를 통해 성도의 정체성을 알고자 하는 성도들에게

찬 송 가: 353장(십자가 군병 되어서), 359장(천성을 향해 가는 성도들아)

C C M : 주가 보이신 생명의 길, 여기에 모인 우리

(159) 본문: [빌 2:2]

마음을 같이하여 같은 사랑을 가지고 뜻을 합하며 한마음을 품어

[문맥성경]
[너희는] **충만케 하라**
/기쁨을
/나의
/마음을 같이하고
/같은 사랑을 가지고
/뜻을 합하며
/한 마음을 품어

[문맥설고 틀]
주제: 지도자(교회)의 기쁨을 충만케 하자

1. 마음을 같이하면서

2, 같은 사랑을 가지고서

3. 뜻을 합하면서

4. 한 마음을 품어

절기예배: 헌신예배

성도상황: 한 마음으로 헌신하고자 하는 성도에게

찬 송 가: 315장(내 주되신 주를), 323장(부름 받아 나선 이 몸)

C C M : 하나님의 은혜, 나의 모습 나의 소유

(160) 본문: [딤후 2:3]

네가 그리스도 예수의 좋은 군사로 나와 함께 고난을 받을지니

[문맥성경]

네가   (나와)**함께 고난을 받을지니**
                    /좋은 군사로
                    /그리스도 예수의

[문맥설교 틀]

주제: 천군(天軍), 하늘 용사

1. 좋은(선한/하늘의) 군사의 조건은 무엇입니까?
 : 함께 고난을 받는 자

2. 누구의 군사가 되어야 좋은 군사입니까?
 : 그리스도 예수의 군사

절기예배: 헌신예배

성도상황: 훈련 받는 성도에게

찬 송 가: 351장(믿는 사람들은), 356장(주 예수 이름 소리 높여)

C C M : 우리에게 향하신, 내가 그리스도와 함께

(161) 본문: [딤후 2:4]

군사로 다니는 자는 자기 생활에 얽매이는 자가 하나도 없나니
이는 군사로 모집한 자를 기쁘게 하려 함이라

[문맥성경]

하나도(=아무도) --- **얽매이는 자가 없나니**
  /군사로 다니는 자는   /[일들에]
                  /자기 생활에[의]

      //이는(목적;ινα, so that...may) (마침점)
      [그가] ---기쁘게(...하려 함이라)
              /군사로 모집한 자를

[문맥설교 틀]

주제: 군사의 생활

1. 군사인 자는 무엇에 얽매임이 없어야 합니까?

  : 자기 생활에 얽매임이 없어야 함

2. 자기 생활에 얽매이지 않아야 하는 목적은 무엇입니까?

  : 군사로 모집한 자를 기쁘게 하기 위해서

_____

_____

_____

_____

_____

_____

_____

_____

_____

_____

_____

_____

_____

_____

_____

_____

_____

_____

절기예배: 헌신예배,

성도상황: 헌신을 다짐하고 훈련 받는 성도에게

찬 송 가: 323장(부름 받아 나선 이 몸), 324장(예수 나를 오라 하네)

C C M : 사명, 하나님이 세상을

(162) 본문: [딤후 2:10]

그러므로 내가 택하신 자를 위하여 모든 것을 참음은 저희로도 그리스도 예수 안에 있는 구원을 영원한 영광과 함께 얻게 하려 함이로라

[문맥성경]

그러므로
내가   **참음은(=견디다)**
              /모든 것을
              /택하신 자를 위하여

    //(목적;ινα, so that..may)
      저희로도---얻게 하려(...함이로라) (=달성하다)
                /구원을
                /그리스도 예수 안에 있는
                /영광과 함께
                /영원한

[문맥설교 틀]

주제: 예수 그리스도의 안에서 참으세요

1. 어떤 것을 참아야 합니까?

  : 모든 것을 참아야 함

2. 누구를 위하여 참아야 합니까?

  : 택하신 자를 위하여 참아야 함

3. 내가 참는 목적은 무엇입니까?

  : 저희로 영원한 영광과 함께

    그리스도 예수 안에 있는 구원을 얻게 하기 위함

절기예배: 헌신예배
성도상황: 어려움 중에서도 헌신을 다짐하는 성도에게
찬 송 가: 336장(환난과 핍박 중에도), 342장(너 시험을 당해)
C C M : 너의 하나님 여호와가, 주님 가신 길

(163) 본문: [창 12:2]

내가 너로 큰 민족을 이루고 네게 복을 주어 네 이름을 창대케 하
리니 너는 복의 근원이 될지라

[문맥성경]

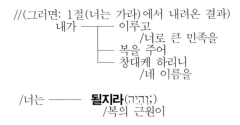

//(그러면: 1절(너는 가라)에서 내려온 결과)
　　　내가 ┬── 이루고
　　　　　　　　　/너로 큰 민족을
　　　　　├─ 복을 주어
　　　　　└─ 창대케 하리니
　　　　　　　　　/네 이름을

/너는 ─── **될지라**(ㄲㄲㅣ;)
　　　　　　/복의 근원이

[문맥설교 틀]

주제: 복의 근원

1. 복의 근원은 어떻게(언제) 되는 것입니까?

　1) 하나님께서 너로 큰 민족을 이루어 주실 때

　2) 하나님께서 너로 복을 주실 때

　3) 하나님께서 네 이름을 창대케 하실 때

절기예배: 이(전)사 감사예배
심방상황: 이사나 이전을 한 성도에게
찬 송 가: 383장(눈을 들어 산을 보니), 441장(은혜 구한 내게 은혜~)
C C M : 아무것도 두려워 말라, 주만 바라볼지라

(164) 본문: [창 28:15]

내가 너와 함께 있어 네가 어디로 가든지 너를 지키며 너를 이끌어
이 땅으로 돌아오게 할지라 내가 네게 허락한 것을 다 이루기까지
너를 떠나지 아니하리라 하신지라

[문맥성경]

내가   **너와 함께 있어**
           지키며
               /너를
               /네가 어디로 가든지
           이끌어 돌어오게 할지라
               /너를
               /이 땅으로
내가   **떠나지 아니하리라 하신지라**
               /너를
               /네게 허락한 것을 다이루기까지

[문맥설고 틀]

주제: 하나님의 약속

1. 내가 너와 함께 있을 것이다

2. 네가 어디로 가든지 내가 너를 지킬 것이다

3. 내가 이 땅으로 너를 이끌어 들어오게 할 것이다

4. 내가 네게 허락한 것을 다 이루기까지 너를 떠나지 아니하리라

_____

_____

_____

_____

_____

_____

_____

_____

_____

_____

_____

_____

_____

_____

_____

_____

_____

절기예배: 이사예배

성도상황: 이사를 한 성도의 가정에서

찬 송 가: 370장(주 안에 있는 나에게), 570장(주는 나를 기르시는 목자요)

C C M : 내가 너를 도우리라, 내가 어둠 속에서

(165) 본문: [히 11:9]

믿음으로 저가 외방에 있는 것같이 약속하신 땅에 우거하여 동일한
약속을 유업으로 함께 받은 이삭과 야곱으로 더불어 장막에 거하였으니

[문맥성경]

저가   **우거하여**
              /믿음으로
              /약속하신 땅에
              /외방에 있는 것같이
              /장막에 거하였으니(=거하며)
                    /이삭과 야곱으로 더불어
                        /동일한 약속을 유업으로 함께 받은

※우거하다: παροικέω (파로이케오) 거주하다, 머무르다

[문맥설교 틀]

주제: 믿음으로 머물다

1. 어떻게 거주해야 합니까?

  1) 믿음으로

  2) 외방에 있는 것같이

2. 어디에 거주해야 합니까?

  1) 약속 하신 땅에서(이사한곳에서)

  2) 장막에 가하면서

3. 누구와 함께 거주해야 합니까?

  : 동일한 약속을 유업으로 함께 받은 이삭과 야곱으로 더불어(가족과)

절기예배: 이사예배

성도상황: 이사한 성도의 가정에서

찬 송 가: 28장(복의 근원 강림하사), 613장(사랑의 주 하나님)

C C M : 너는 그리스도의 향기라, 꽃들도

(166) 본문: [창 13:14]

롯이 아브람을 떠난 후에 여호와께서 아브람에게 이르시되
너는 눈을 들어 너 있는 곳에서 동서남북을 바라보라

[문맥성경]

롯이 아브람을 떠난 후에(상황, after)
여호와께서   **이르시되**
                    /아브람에게
                    /너는---**들어**
                              /눈을
                    바라보라
                        /동서남북을
                        /너 있는 곳에서

[문맥설교 틀]

주제: 너는 바라보라

1. 어떻게 바라봐야 합니까?

  : 눈을 들어 봐야 함

2. 무엇을 바라봐야 합니까?

  : 동서남북을 바라봐야 함

3. 어디서 바라봐야 합니까?

  : 나 있는 곳에서 바라봐야 함

절기예배: 개업예배
성도상황: 새로운 사업을 시작하는 성도에게
찬 송 가: 384장(나의 갈길 다가도록), 430장(주와 같이 길 가는 것)
C C M : 야베스의 기도, 비전

(167) 본문: [잠 22:29]

네가 자기 사업에 근실한 사람을 보았느냐 이러한 사람은
왕 앞에 설 것이요 천한 자 앞에 서지 아니하리라

[문맥성경]

네가　　　**보았느냐** (=주목해보다)
　　　　　/근실한 사람을
　　　　　　/자기 사업에

사람은　　**설 것이요**
　/이러한　　/왕 앞에
　　　　　서지 아니하리라
　　　　　　/천한 자 앞에

[문맥설교 틀]

주제: 너는 주목해 보라

1. 누구를 주목해 봐야 합니까?
　: 자기 사업에 근실한 사람을 주목해 봐야 함

2. 왜 근실한 사람을 주목해 봐야 합니까?
　1) 이러한 사람은 왕 앞에 설 것이기 때문에
　2) 이러한 사람은 천한 자 앞에 서지 아니할 것이기 때문에

절기예배: 개업예배
성도상황: 새로운 사업을 시작하는 성도에게
찬 송 가: 435장(나의 영원하신 기업), 335장(크고 놀라운 평화)
C C M : 신실하게 진실하게, 하나님 한 번도 나를

(168) 본문: [딤전 6:18]

선한 일을 행하고 선한 사업에 부하고 나눠주기를 좋아하며
동정하는 자가 되게 하라

[문맥성경]

/선한 일을 행하고
/부하고
 /선한 사업에
/되게 하라
 /나눠 주기를 좋아하며
 /동정하는 자가

[문맥설교 틀]
주제: 선한 사업에 부해 지십시오!

1. 선한 일을 행하면서

2. 나누어 주기를 좋아하면서

3. 동정하는(너그러운) 자가 되면서

절기예배: 개업예배
심방상황: 새로운 사업을 시작하는 성도에게
찬 송 가: 552장(아침 해가 돋을 때), 325장(예수가 함께 계시니)
C C M : 주님 말씀하시면, 전능하신 나의 주 하나님

(169) 본문: [삼상 1:20]

한나가 잉태하고 때가 이르매 아들을 낳아 사무엘이라
이름하였으니 이는 내가 여호와께 그를 구하였다 함이더라

[문맥성경]

한나가   **잉태하고**
        아들을 **낳아**
         /때가 이르매
       사무엘이라 **이름하였으니**

     //이는(이유: כִּי, for)
       내가---여호와께 그를 구하였다 함이더라

[문맥설고 틀]

주제: 한나의 출산

1. 한나가 잉태 했다

2. 때가 이르매 아들을 낳았다

3. 사무엘이라 이름하였다

4. 사무엘 이름의 뜻은 무엇입니까?

   : 내가 여호와께 그를 구하였다 함

※적용: 출산준비중인 성도에게

1. 하나님이 잉태케 하신 것을 감사합니다

2. 때가 이르면 순산할 것입니다

3. 아이의 이름을 기도로 준비하십시오

PAGE/

DATE/

절기예배: 출산감사예배(준비)
성도상황: 출산을 하거나 준비하는 성도의 가정에서
찬 송 가: 28장(복의 근원 강림하사), 325장(예수가 함께 계시니)
C C M : 하나님은 너를 지키시는 자, 보라 새 일을

(170) 본문: [요 16:21]

여자가 해산하게 되면 그 때가 이르렀으므로 근심하나 아이를 낳으면
세상에 사람 난 기쁨을 인하여 그 고통을 다시 기억지 아니하느니라

[문맥성경]

여자가---해산하게 되면(상황절, when)
　　　근심하나

　　//(이유: ο τ ι, becouse)
　　　그[녀의] 때가 이르렀으므로

[그녀가]--낳으면(상황절, when)
　　　　/아이를
　　　기억지 아니하느니라
　　　　/그 고통을
　　　　/다시

　　//(이유: διά+목적격, becouse of)
　　　기쁨을 인하여
　　　　/사람[이]---난
　　　　　　　　/세상에

[문맥설교 틀]

주제: 출산(해산)의 기쁨

1. 여자는 출산(해산)하게 되면 근심한다

2. 여자는 출산(해산)한 후에 그 고통을 다시 기억하지 아니한다

3. 그 이유는 무엇입니까?
　 : 여자는 아기를 낳으면 세상에 사람 난 것이 기쁨이기 때문에

PAGE/ _____

DATE/ _____

_____

_____

_____

_____

_____

_____

_____

_____

_____

_____

_____

_____

_____

_____

_____

_____

_____

_____

_____

_____

절기예배: 출산예배
심방상황: 출산(해산)의 감사를 하나님께 드리길 원하는 성도에게
찬 송 가: 410장(내 맘에 한 노래 있어), 564장(예수께서 오실 때에)
C C M : 당신은 사랑 받기위해 태어난 사람, 야곱의 축복

(171) 본문: [시 127:3]

자식은 여호와의 주신 기업이요 태의 열매는 그의 상급이로다

[문맥성경]

자식은   **기업이요**
             /여호와의 주신

태의 열매는   그의 **상급이로다**

[문맥설교 틀]

주제: 자식은 여호와의 기업

1. 자식은 무엇입니까?
   : 여호와의 주신 기업

2. 태의 열매는 무엇입니까?
   : 그의 상급

_____

_____

_____

_____

_____

_____

_____

_____

_____

_____

_____

_____

_____

_____

_____

_____

_____

절기예배: 생일예배(아이)

성도상황: 아이의 생일을 맞이한 성도의 가정에서

찬 송 가: 559장(사철에 봄바람 불어 잇고), 564장(예수께서 오실 때에)

C C M : 당신은 사랑 받기 위해 태어난 사람, 축복의 통로

(172) 본문: [눅 2:40]

아기가 자라며 강하여지고 지혜가 충족하며
하나님의 은혜가 그 위에 있더라

[문맥성경]

아기가 　　　**자라며**
　　　　　　강하여지고
　　　　　　　/충족하며(분사)
　　　　　　　　/지혜가(=지혜로)

　은혜가　　　**있더라**
　　/하나님의　　/그 위

[문맥설교 틀]

주제: 강하게 자라는 아이

서론: 아기가 어떻게 강해져 갑니까?

1. 자라면서 강하여 짐

2. 지혜로 충만하면서 강하여 짐

3. 하나님의 은혜가 그 위에 있으면서 강하여 짐

_____

_____

_____

_____

_____

_____

_____

_____

_____

_____

_____

_____

_____

_____

_____

_____

_____

_____

절기예배: 생일예배(백일)

성도상황: 아이의 백일을 맞은 성도의 가정에서

찬 송 가: 565장(예수께로 가면), 564장(예수께서 오실 때에)

C C M : 당신은 사랑받기 위해 태어난 사람, 축복송

(173) 본문: [눅 2:52]

예수는 그 지혜와 그 키가 자라가며 하나님과 사람에게
더 사랑스러워 가시더라

[문맥성경]
예수는 　　　　　**자라가며**
　　　　　　　　　/그 지혜와
　　　　　　　　　그 키가
　　　　　　　　〈가시더라〉
　　　　　　　　　/더 사랑스러워
　　　　　　　　　/하나님과
　　　　　　　　　사람에게

[문맥설교 틀]
주제: 예수님의 성장을 따라서

1. 예수님은 무엇이 자라갔습니까?
 1) 그 지혜가 자라갔음
 2) 그 키가 자라갔음

2. 자란 결과는 무엇입니까?
 1) 하나님에게 더 사랑스러워 가셨음
 2) 사람에게 더 사랑스러워 가셨음

절기예배: 생일예배(돌)

성도상황: 아이가 자라 돌 예배를 드리는 가정에서

찬 송 가: 563장(예수 사랑하심을), 570장(주는 나를 기르시는 목자요)

C C M : 축복의 통로, 너는 시냇가에

(174) 본문: [딤후 4:8]

이제 후로는 나를 위하여 의의 면류관이 예비되었으므로 주 곧 의
로우신 재판장이 그 날에 내게 주실 것이니 내게만 아니라 주의
나타나심을 사모하는 모든 자에게니라

[문맥성경]

```
면류관이              예비되었으므로
 /의의                 /이제 후로는
 /(것이니)             /나를 위하여
 /주(=가)-----주실
 /(곧)재판장이(=인)    /내게
  /의로우신            /그 날에
                      /내게만 아니라
                       모든 자에게(니라)
                       /사모하는(분사)
                       /주의 나타나심을
```

[문맥설교 틀]

주제: 예비되었다!

1. 의의 면류관을 누가 예비 하셨습니까?
 : 주 곧 의로우신 재판장이

2. 예비하신 의의 면류관을 누구에게 주십니까?
 1) 내게 주심
 2) 주의 나타나심을 사모하는 모든 자에게 주심

3. 예비된 의의 면류관은 언제 주십니까?
 : 그 날에 주심

_____

_____

_____

_____

_____

_____

_____

_____

_____

_____

_____

_____

_____

_____

_____

_____

_____

_____

절기예배: 생일예배(회갑, 고희)

심방상황: 가족 중 어른들의 회갑, 칠순감사 예배 때

찬 송 가: 301장(지금까지 지내온 것), 384장(나의 갈 길 다 가도록)

C C M : 사랑합니다 나의 예수님, 오직 주 만이(소향)

(175) 본문: [출 15:26]

가라사대 너희가 너희 하나님 나 여호와의 말을 청종하고 나의 보기에
의를 행하며 내 계명에 귀를 기울이며 내 모든 규례를 지키면 내가 애굽
사람에게 내린 모든 질병의 하나도 너희에게 내리지 아니하리니 나는 너
희를 치료하는 여호와임이니라

[문맥성경]

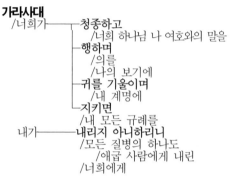

[문맥설교 틀]

주제: 내가 질병을 내리지 아니하리라
1. 누구에게 내리지 아니하십니까?
   : 너희에게 내리지 아니함
2. 어떤 질병을 내리지 아니하십니까?
   : 애굽 사람에게 내린 모든 질병의 하나도 내리지 아니함
3. 질병을 내리지 않는 조건은 무엇입니까?
   1) 너희가 너희 하나님 나 여호와의 말을 청종하면
   2) 너희가 나의 보기에 의를 행하면
   3) 너희가 내 계명에 귀를 기울이면
   4) 너희가 내 모든 규례를 지키면
4. 애굽 사람에게 내린 질병을 내리지 않으시는 이유는 무엇입니까?
   : 나는 너희를 치료하는 여호와이기 때문에

절기예배: 위로예배(병원심방)

성도상황: 병상에 있는 교우를 심방할 때

찬 송 가: 470장(나의 몸이 상하여), 474장(의원 되신 예수님의)

C C M : 예수 나의 좋은 치료자, 험한 세상 살면서

(176) 본문: [욥 23:10]

나의 가는 길을 오직 그가 아시나니 그가 나를 단련하신
후에는 내가 정금 같이 나오리라

[문맥성경]

오직
그가　　　　**아시나니**
　　　　　　　/나의 가는 길을

그가　　　　단련하신 후에는(상황절, when)
　　　　　　　/나를
내가　　　　**나오리라**
　　　　　　　/정금 같이

[문맥설교 틀]

주제: 내가 정금 같이 나오리라

1. 언제 정금 같이 나오게 됩니까?
　: 그가 나를 단련하신 후에

2. 왜 정금 같이 나오게 됩니까?
　: 나의 가는 길을 오직 그가 아시기 때문에

[설교노트]

PAGE/

DATE/

절기예배: 위로예배(고난, 병상)

성도상황: 고난과 병상에 있는 성도에게

찬 송 가: 70장(피난처 있으니), 400장(험한 시험 물속에서)

C C M : 주가 보이신 생명의 길, 왜 나만 겪는 고난이냐고

(177) 본문: [시 121:5]

여호와는 너를 지키시는 자라 여호와께서 네 우편에서 네
그늘이 되시나니

[문맥성경]

여호와는	너를 **지키시는 자라**
여호와께서	네 **그늘이 되시나니** /네 우편에서

[문맥설고 틀]

주제: 여호와는 지키시는 분

1. 여호와는 어떤 분이십니까?
  1) 너를 지키시는 자
  2) 네 그늘이 되시는 분

2. 여호와는 어디서 나의 그늘이 되십니까?
    : 나의 우편에서 그늘이 되심

절기예배: 위로예배 (환우심방)

성도상황: 수술을 앞두고 있는 성도에게

찬 송 가: 543장(어려운 일 당할 때), 472장(네 병든 손 내밀라고)

C C M : 주 품에 품으소서, 나의 힘이 되신 여호와여

(178) 본문: [사 41:10]

두려워 말라 내가 너와 함께 함이니라 놀라지 말라 나는 네 하나님이
됨이니라 내가 너를 굳세게 하리라 참으로 너를 도와주리라 참으로
나의 의로운 오른손으로 너를 붙들리라

[문맥성경]

[너는]   **두려워 말라**

    //(이유: כִּי)
      [내가] ––함께 함이니라
           /너와

[너는]   **놀라지 말라**

    //(이유: כִּי)
      나는 –––하나님이 됨이니라
          /네

[내가]   **굳세게 하리라**
        /너를

[내가]   **도와주리라**
        /너를
        /참으로

        붙들리라
        /너를
        /나의 의로운 오른손으로
        /참으로

[문맥설교 틀]

주제: 너는 두려워 말라(=놀라지 마라)

1. 하나님께서 나와 함께 하시니
2. 하나님이 나의 하나님이 되시니
3. 하나님께서 나를 굳세게 해 주실 것이니
4. 하나님께서 나를 참으로 도와주실 것이니
5. 하나님께서 당신의 의로운 오른손으로 나를 붙들어 주실 것이니

절기예배: 위로예배(중환자, 사업 실패)

성도상황: 중병이나 사업 실패 등으로 낙심한 성도에게

찬 송 가: 399장(어린 양들아 두려워), 440장(어디든지 예수 나를)

C C M : 이것을 너희에게 이름은, 나의 피난처 예수 의지해요

(179) 본문: [사 66:9]

여호와께서 가라사대 내가 임산케 하였은즉 해산케 아니하겠느냐
네 하나님이 가라사대 나는 해산케 하는 자인즉 어찌 태를 닫겠느냐 하시니라

[문맥성경]

여호와께서	**가라사대**	
	/내가 임산케 하였은즉	
	/해산케 아니하겠느냐	
하나님이	**가라사대** ...하시니라	
/네	/나는 해산케 하는 자인즉	
	/어찌 태를 닫겠느냐 하시니라	

[문맥설교 틀]

주제: 주님의 위로

주님의 위로의 말씀

1. 내가 임산케 하였다

2. 해산케 할 것이다

3. 나는 해산케 하는 자이다

4. 나는 태를 닫지 않을 것이다

절기예배: 위로예배(임산부)

성도상황: 해산을 앞둔 성도에게

찬 송 가: 382장(너 근심 걱정 말아라), 419장(주 날개 밑 내가 편안히 쉬네)

C C M : 약한 나로 강하게, 하나님은 우리의 피난처가 되시며

(180) 본문: [습 3:17]

너의 하나님 여호와가 너의 가운데 계시니 그는 구원을 베푸실 전능
자시라 그가 너로 인하여 기쁨을 이기지 못하여 하시며 너를 잠잠히
사랑하시며 너로 인하여 즐거이 부르며 기뻐하시리라 하리라

[문맥성경]

여호와가   **계시니**
　/너의 하나님   　/너의 가운데

그는   **전능자시라**
                        　/구원을 베푸실

그가   **기쁨을 이기지 못하여 하시며**
                        　/너로 인하여
                        잠잠히 사랑하시며
                        　/너를

                        기뻐하시리라 하리라
                        　/너로 인하여
                        　/즐거이 부르며

[문맥설고 틀]

주제: 너의 가운데 계신 너의 하나님 여호와

1. 그는 구원을 베푸실 전능자
2. 그는 너로 인하여 기쁨을 이기지 못하시는 분
3. 그는 너를 잠잠히 사랑하시는 분
4. 그는 너로 인하여 즐거이 부르며 기뻐하실 분

_____

_____

_____

_____

_____

_____

_____

_____

_____

_____

_____

_____

_____

_____

_____

_____

절기예배: 위로예배(우울증, 낙심)

성도상황: 우울증이나 낙심으로 인해 힘든 성도에게

찬 송 가: 370장(주 안에 있는 나에게), 382장(너 근심 걱정 말아라)

C C M : 하나님 한 번도 나를, 나의 안에 거하라

(181) 본문: [말 4:2]

내 이름을 경외하는 너희에게는 의로운 해가 떠올라서 치료하는 광선
을 발하리니 너희가 나가서 외양간에서 나온 송아지 같이 뛰리라

[문맥성경]

```
/의로운 해가 ┬떠올라서
             │ /너희에게(는)
             │    /내 이름을 경외하는
             └발하리니
                /치료하는 광선을

/너희가 ──────┬나가서
              └뛰리라
                /송아지같이
                /외양간에서 나온
```

[문맥설교 틀]

주제: **치료하는 광선을 발하리라**

1. 누구에게 치료하는 광선을 발하게 됩니까?
  : 내 이름을 경외하는 너희에게

2. 어떻게 치료하는 광선을 발하게 됩니까?
  : 의로운 해가 하나님의 이름을 경외하는 자에게 떠올라서 발하게 됨

3. 치료하는 광선을 발하게 된 결과는 무엇입니까?
  : 너희가 나가서 외양간에서 나온 송아지같이 뛰리라

_____

_____

_____

_____

_____

_____

_____

_____

_____

_____

_____

_____

_____

_____

_____

_____

_____

절기예배: 위로예배(병원심방)

성도상황: 병상에 있는 교우를 심방할 때

찬 송 가: 543장(어려운 일 당할 때), 96장(예수님은 누구신가)

C C M : 예수 나의 좋은 치료자, 주 보혈 날 씻었네

(182) 본문: [마 6:6]

너는 기도할 때에 네 골방에 들어가 문을 닫고 은밀한 중에 계신
네 아버지께 기도하라 은밀한 중에 보시는 네 아버지께서 갚으시리라

[문맥성경]

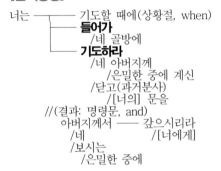

[문맥설교 틀]

주제: 기도하십시오

1. 누구에게 기도해야 합니까?

  : 은밀한 중에 계신 당신의 하나님께

2. 언제 기도해야 합니까?

  : 당신이 기도해야할 상황이 있을 때

3. 어디서 기도해야 합니까?

  : 당신의 골방에서

4. 어떻게 기도해야 합니까?

  : 당신의 문을 닫고

5. 기도의 결과는 무엇입니까?

  : 은밀한 중에 보시는 당신의 하나님께서 당신에게 갚으실 것임

절기예배: 위로예배(일반)

성도상황: 위로가 필요한 안 좋은 상황에 놓인 성도에게

찬 송 가: 363장(내가 깊은 곳에서), 364장(내 기도하는 그 시간)

C C M : 기도할 수 있는데, 주만 바라볼지라

(183) 본문: [딤후 1:7]

하나님이 우리에게 주신 것은 두려워하는 마음이 아니요
오직 능력과 사랑과 근신하는 마음이니

[문맥성경]

//(이유; γαρ,for)
　하나님이 --- **주신 것은 아니요**
　　　　　　　　　/마음이 (=을)
　　　　　　　　　　/두려워하는
　　　　　　　　　/우리에게

　　　　　(오직) 근신하는 마음이니
　　　　　　　　/사랑과
　　　　　　　　능력과

[문맥설고 틀]

주제: 하나님이 주신 것

1. 하나님이 우리에게 주지 않으신 것은 무엇입니까?
　: 두려워하는 마음

2. 하나님이 우리에게 주신 것은 무엇입니까?
　　1) 근신하는 마음
　　2) 사랑
　　3) 능력

_____

_____

_____

_____

_____

_____

_____

_____

_____

_____

_____

_____

_____

_____

_____

_____

_____

_____

절기예배: 위로예배(사고)

성도상황: 사고, 화재, 수해를 당한 성도의 가정

찬 송 가: 382장(너 근심 걱정 말아라), 383장(눈을 들어 산을 보니)

C C M : 아무것도 두려워말라, 누군가 널 위해 기도하네

(184) 본문: [약 5:16]

이러므로 너희 죄를 서로 고하며 병 낫기를 위하여 서로 기도하라
의인의 간구는 역사하는 힘이 많으니라

[문맥성경]
이러므로(ουν)
[너희는]   **고[백]하며**
                        /너희 죄를
                        /서로

                  기도하라
                        /서로[를 위하여]

              //(그래서, ὀπως; 목적이면서 결과)
                  [너희가] --- 병 낫기를 위하여(=치료되도록)

   간구는   **힘이 많으니라**
   /의인의   /역사하는

[문맥설교 틀]

주제: 너희는 기도하라

1. 누구를 위해서 기도해야 합니까?
   ; 서로를 위하여 기도해야 함

2. 어떻게 기도해야 합니까?
   : 너희는 서로 너희 죄를 고백하면서 기도해야 함

3. 기도해야 하는 목적은 무엇입니까?
   : 너희가 병 낫기 위해서 기도해야 함

4. 기도해야 하는 이유는 무엇입니까?
   : 의인의 간구는 역사하는 힘이 많기 때문에

[설교노트]

절기예배: 위로예배(환우)

성도상황: 입원중이거나 병환, 치료 중에 있는 성도에게

찬 송 가: 471장(주여 나의 병든 몸을), 472장(네 병든 손 내밀라고)

C C M : 기도할 수 있는데, 능력의 이름 예수

(185) 본문: [눅 8:52]

모든 사람이 아이를 위하여 울며 통곡하매 예수께서 이르시되
울지 말라 죽은 것이 아니라 잔다 하시니

[문맥성경]

모든 사람이　　　　**울며**
　　　　　　　　　　통곡하매
　　　　　　　　　　/아이를 위하여

예수께서　　　　　**이르시되**(...하시니)
　　　　　　　　　　/[너희는]---울지 말라

　　　　　　　　　　　　//(이유: γαρ, for)
　　　　　　　　　　　　　죽은 것이 아니라
　　　　　　　　　　　　　잔다

[문맥설고 틀]

주제: 영생

1. 아이의 죽음을 보고 모든 사람이 어떻게 했습니까?
　 1) 아이를 위해 울었음
　 2) 아이를 위해 통곡했음

2. 그러나 예수님께서는 뭐라 말씀하셨습니까?
　 : 너희는 울지 말라고 말씀하셨음

3. 예수님께서는 왜 울지 말라고 말씀하셨습니까?
　 1) 죽은 것이 아니기 때문에
　 2) 자는 것이기 때문에

절기예배: 장례예배(어린이)
성도상황: 자녀의 죽음에 놓인 성도에게
찬 송 가: 606장(해보다 더 밝은 저 천국), 609장(이 세상 살 때에)
C C M : 주께 가오니, 아름다운 이야기가 있네

(186) 본문: [요 14:3]

가서 너희를 위하여 처소를 예비하면 내가 다시 와서 너희를
내게로 영접하여 나 있는 곳에 너희도 있게 하리라

[문맥성경]

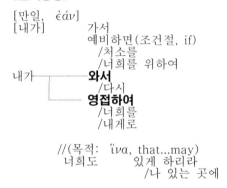

[만일, ἐάν]
[내가]   가서
               예비하면(조건절, if)
                    /처소를
                    /너희를 위하여
내가────── **와서**
       │   /다시
       └── **영접하여**
               /너희를
               /내게로

        //(목적: ἵνα, that...may)
          너희도   있게 하리라
                    /나 있는 곳에

[문맥설교 틀]

주제: 영원한 안식처

1. 예수님은 먼저 가서 우리를 위해 무엇을 예비하십니까?
    : 처소를 예비하심

2. 예수님이 다시 오셔서 하실 일은 무엇입니까?
    : 우리를 영접하심

3. 예수님께서 우리를 영접해 주시는 목적은 무엇입니까?
    : 예수님이 있는 곳에 우리도 있게 하시려고

절기예배: 장례예배(임종)

성도상황: 임종을 준비하는 성도의 가정에서

찬 송 가: 235장(보아라 즐거운 우리 집), 245장(저 좋은 낙원 이르니)

C C M : 주는 완전합니다. 주가 보이신 생명의 길

(187) 본문: [고후 5:1]

만일 땅에 있는 우리의 장막 집이 무너지면 하나님께서 지으신 집 곧 손으로 지은 것이 아니요 하늘에 있는 영원한 집이 우리에게 있는 줄 아나니

[문맥성경]
//(이유: $\gamma \alpha \rho$, for)
만일($\varepsilon \alpha \nu$)
집이 - - - - - 무너지면(조건절, if)
  /땅에 있는
  /우리의
  /장막
[우리가] - - - **아나니**
       /우리에게(=가) - 있는 줄
        /지으신 집
         /하나님께서
       /집이
        /곧 손으로 지은 것이 아니요(=아닌)
        /하늘에 있는
        /영원한

[문맥설고 틀]

주제: 하늘의 집

1. 우리는 하나님께서 지으신 집이 있는 줄 알아야 합니다
  1) 언제 알아야 합니까?
    : 만일 땅에 있는 우리의 장막집이 무너진다면

2. 그 집은 어떤 집입니까?
  1) 곧 손으로 지은 것이 아닌 집
  2) 하늘에 있는 집
  3) 영원한 집

절기예배: 장례예배(입관)

성도상황: 입관예배를 준비하는 성도의 가정에서

찬 송 가: 245장(저 좋은 낙원 이르니), 493장(하늘가는 밝은 길이)

C C M : 그 사랑, 그럼에도 불구하고

(188) 본문: [골 3:2]

위엣 것을 생각하고 땅엣 것을 생각지 말라

[문맥성경]

[너희는]   **생각하고**
                    /위엣 것을
          (생각지 말라)
                    /땅엣 것을

[문맥설교 틀]

주제: 생각하는 삶

1. 우리는 무엇을 생각해야 합니까?
 : 위엣 것을 생각해야 함

2. 우리는 무엇을 생각하면 안 됩니까?
 : 땅엣 것을 생각하면 안 됨

절기예배: 장례예배(임종)

성도상황: 임종을 지켜보는 성도(가족)에게

찬 송 가: 486장(이 세상에 근심된 일이 많고), 494장(만세 반석 열리니)

C C M : 주께 가오니, 임재

(189) 본문: [살전 4:14]

우리가 예수의 죽었다가 다시 사심을 믿을진대 이와 같이 예수 안에서 자는 자들도 하나님이 저와 함께 데리고 오시리라

[문맥성경]

```
//(이유: γάρ, for)
  [만약, εἰ]
  우리가----믿을진대(조건절, if)
              /예수의 죽었다가 다시 사심을
  하나님이──데리고 오시리라
              /예수 안에서 자는 자들도
              /저와 함께
              /이와 같이
```

[문맥설고 틀]

주제: 죽음과 부활

1. 우리가 무엇을 믿어야 합니까?
   : 예수의 죽으심과 다시 사심

2. 하나님이 누구를 데리고 오십니까?
   : 예수 안에서 자는 자들

3. 어떻게 데리고 오십니까?
   : 이와 같이 저와 함께

절기예배: 장례예배(위로)

성도상황: 장례를 당해 위로가 필요한 성도에게

찬 송 가: 390장(예수가 거느리시니), 417장(주 예수 넓은 품에)

C C M : 지존하신 주님 이름 앞에, 주 보혈 날 씻었네

(190) 본문: [히 11:13]

이 사람들은 다 믿음을 따라 죽었으며 약속을 받지 못하였으되 그것들을
멀리서 보고 환영하며 또 땅에서는 외국인과 나그네로라 증거하였으니

[문맥성경]

이 사람들은　　**죽었으며**
　/다(=모든)　　/믿음을 따라
　　　　　　　/약속을 받지 못하였으되(=받지 못하고)
　　　　　　　/그것들을 멀리서 보고
　　　　　　　/환영하며
　　　　　　　/또 증거하였으니
　　　　　　　　/[그들이]┬─외국인과
　　　　　　　　　　　　└─나그네로라

　　　　　　　　　　　　/땅에서는

[문맥설교 틀]

주제: 믿음의 선진들의 죽음

1. 믿음을 따라 죽었음

2. 약속을 받지 못하고 죽었음(약속의 땅)

3. 그것들을 멀리서 보고 죽었음(약속의 땅을)

4. 환영하며 죽었음(약속의 땅을 보고 기뻐했음)

5. 땅에서는 외국인과 나그네로라 증거(인정)하며 죽었음

절기예배: 추도식 예배

성도상황: 믿음의 가정에서 추도예배를 드릴 때

찬 송 가: 492장(잠시 세상에 내가~), 235장(보아라 즐거운 우리 집)

C C M : 죄 많은 이 세상은 내 집 아니네, 오 나는 약한 나그네요

(191) 본문: [신 8:1]

내가 오늘 명하는 모든 명령을 너희는 지켜 행하라 그리하면 너희가 살고 번성하고 여호와께서 너희의 조상들에게 맹세하신 땅에 들어가서 그것을 얻으리라

[문맥성경]

너희는   **지켜(=지키라)**
           /내가 오늘날 명하는 모든 명령을

     //(목적: ?, to)
         행하라(=행하기 위해)

     //그리하면(결과)
         너희가--**살고**
              --**번성하고**
              --**땅에 들어가서**
                /여호와께서 너희의 열조에게 맹세하신
              --**그것을 얻으리라**

[문맥설교 틀]

주제: 성도는 명령을 지키라

1. 어떤 명령을 지켜야 합니까?
   : 오늘날(지금) 명하는 모든 명령

2. 명령을 지켜야하는 목적은 무엇입니까?
   : 행하기 위해서

3. 명령을 지킨 결과는 무엇입니까?
   1) 우리가 살고 번성함
   2) 여호와께서 열조에게 맹세하신 땅에 들어감
   3) 우리가 그것을 얻음

절기예배: 세례식 예배

성도상황: 학습이나 세례를 받는 성도에게

찬 송 가: 202장(하나님 아버지 주신 책은), 204장(주의 말씀을 듣고서)

C C M : 오직 믿음으로, 목마른 사슴

(192) 본문: [신 8:2]

네 하나님 여호와께서 이 사십년 동안에 너로 광야의 길을 걷게
하신 것을 기억하라 이는 너를 낮추시며 너를 시험하사 네 마음이
어떠한지 그 명령을 지키는지 아니 지키는지 알려하심이라

[문맥성경]

[너희는]   **기억하라**
               /여호와께서-너로 광야의 길을 걷게 하신 것을
               /네 하나님   /이 사십년 동안에

        //이는(목적: לְמַעַן, in order to)
        [그가]--너를 낮추시며
              --너를 시험하사

        //(목적: לְ, to)
        알려하심이라
        /네 마음이 어떠한지
        /그 명령을 지키는지 아니 지키는지

[문맥설교 틀]

주제: 너희는 기억하라

1. 우리가 기억해야 하는 것은 무엇입니까?

 : 하나님 여호와께서 24년 동안에 광야의 길을 걷게 하신 것

2. 우리가 기억해야 할 목적은 무엇입니까?

 1) 하나님이 우리를 낮추시며 시험하기 위함

 2) 낮추시고 시험하신 목적은 무엇입니까?

  (1) 우리의 마음이 어떠한지 아시려고

  (2) 그 명령을 지키는지 안 지키는지 아시려고

PAGE/

DATE/

_____

_____

_____

_____

_____

_____

_____

_____

_____

_____

_____

_____

_____

_____

_____

_____

절기예배: 세례식 예배

성도상황: 학습이나 세례의 훈련 받는 성도에게

찬 송 가: 342장(너 시험을 당해), 351장(믿는 사람들은)

C C M : 우리에게 향하신, 광야를 지나며

(193) 본문: [행 2:38]

베드로가 가로되 너희가 회개하여 각각 예수 그리스도의 이름으로
세례를 받고 죄 사함을 얻으라 그리하면 성령을 선물로 받으리니

[문맥성경]

베드로가 **가로되**
      /너희가------회개하여
      [너희가]-----세례를 받고
       /각각(=모든)   /예수 그리스도의 이름으로
                /죄 사함을 받으라(=죄사함을 위해)

       //그리하면(결과)
        [너희가]---성령을 받으리니
           /선물로

[문맥설교 틀]

주제: 회개하고 세례를 받으라

1. 누가 회개하고 세례를 받아야 합니까?

  : 각각의 너희가 (모든 성도가)

2. 누구의 이름으로 세례를 받아야 합니까?

  : 예수 그리스도의 이름으로

3. 무엇을 위해 세례를 받아야 합니까?

  : 죄 사함을 위해

4. 회개하고 세례를 받은 결과는 무엇입니까?

  : 성령을 선물로 받음

절기예배: 세례식 예배

성도상황: 학습이나 세례를 받는 성도에게

찬 송 가: 220장(사랑하는 주님 앞에), 305장(나 같은 죄인 살리신)

C C M : 성령이 오셨네, 목마른 사슴

(194) 본문: [롬 6:15]

그런즉 어찌 하리요 우리가 법아래 있지 아니하고
은혜 아래 있으니 죄를 지으리요 그럴 수 없느니라

[문맥성경]

그런즉(ouv)
어찌 하리요?
우리가   **죄를 지으리요?**

　　//(이유: oti, because)
　　[우리가]－－법아래 있지 아니하고
　　　　　　 －－은혜 아래 있으니

[그것은]   **그럴 수 없느니라**

[문맥설교 틀]

주제: 우리가 죄를 지을 수 없는 이유?

1. 우리는 (율)법 아래 있지 않기 때문에 죄를 지을 수 없음

2. 우리는 은혜 아래 있기 때문에 죄를 지을 수 없음

절기예배: 세례식 예배

성도상황: 구원의 은혜에 대해 교육받는 성도에게

찬 송 가: 287장(예수 앞에 나오면), 290장(우리는 주님을 늘 배반하나)

C C M : 내 안에 사는 이, 그 사랑 얼마나

(195) 본문: [빌 4:6]

아무 것도 염려하지 말고 오직 모든 일에 기도와 간구로,
너희 구할 것을 감사함으로 하나님께 아뢰라

[문맥성경]

[너희는]   **아무것도 염려하지 말고**
구할 것을(=이)   **오직 아뢰[지게하]라**
/너희   /하나님께
                  /모든 일에
                  /기도와 간구로
                  /감사함으로

[문맥설고 틀]

주제: 성도의 구하는 방법

1. 아무것도 염려하지 말고 구하기

2. 하나님께 알려지게 구하기(수동태)

 1) 모든 일을 아룀으로

 2) 기도와 간구로 아룀으로

 3) 감사함으로 아룀으로

절기예배: 세례식 예배

성도상황: 학습이나 세례 교육(기도 교육)을 받는 성도에게

찬 송 가: 361장(기도하는 이 시간), 364장(내 기도하는 그 시간)

C C M : 누군가 널 위해 기도하네, 겟세마네 동산에서

(196) 본문: [마 26:26]

저희가 먹을 때에 예수께서 떡을 가지 사 축복하시고 떼어 제자들을
주시며 가라사대 받아먹으라 이것이 내 몸이니라 하시고

[문맥성경]

```
저희가      먹을 때에(상황절, while)
예수께서    떼어
              /가지사(과거분사)
                /떡을
              /축복하시고(과거분사)
            가라사대(...하시고)
              /주시며(과거분사)
                /제자들을(=에게)
              /[너희는]┬─── 받아
                      └─── 먹으라
            이것이────── 몸이니라
                          /내
```

[문맥설교 틀]

주제: 주님의 성찬

1. 예수님께서 성찬을 언제 행하셨습니까?
 1) 저희가 먹을 때에
 2) 떡을 떼신 후에

2. 예수님께서 성찬을 어떻게 행하셨습니까?
 1) 축복하셨음
 2) 떡을 제자들에게 주셨음

3. 예수님께서 성찬을 하시면서 말씀하신 내용은 무엇입니까?
 1) 너희는 받으라고 말씀하셨음
 2) 너희는 먹으라고 말씀하셨음
 3) 이것이 내 몸이니라고 말씀하셨음

_____

_____

_____

_____

_____

_____

_____

_____

_____

_____

_____

_____

_____

_____

_____

_____

_____

_____

절기예배: 성찬식 예배

성도상황: 성찬식에 참여하는 성도에게

찬 송 가: 150장(갈보리 산 위에), 258장(샘물과 같은 보혈은)

C C M : 나의 안에 거하라, 주님의 살과 피

(197) 본문: [눅 22:19]

또 떡을 가져 사례하시고 떼어 저희에게 주시며 가라사대 이것은 너희를 위하여 주는 내 몸이라 너희가 이를 행하여 나를 기념하라 하시고

[문맥성경]

```
/또
[예수께서]        가져(when)
                    /떡을
                 사례하시고
                 떼어
                 주시며 가라사대(...하시고)
                    /저희에게
                    /이것은———내 몸이라
                                   /너희를 위하여 주는
                            너희가———기념하라
                                   /나를
                                   /이를 행하여
```

[문맥설고 틀]

주제: 예수를 기념하라

1. 예수님께서 언제 기념하라고 말씀 하셨습니까?

　1) 예수께서 떡을 가져 사례 하신 후에

　2) 예수께서 떡을 떼신 후에

2. 예수님께서 어떻게 기념하라고 말씀 하셨습니까?

　: 떡을 떼어 주시며 말씀 하셨음

3. 예수님께서 말씀하신 내용은 무엇입니까?

　1) 이것은 너희를 위하여 주는 내 몸이다

　2) 너희가 이를 행하여 나를 기념하라

_____

_____

_____

_____

_____

_____

_____

_____

_____

_____

_____

_____

_____

_____

_____

_____

_____

_____

절기예배: 성찬식 예배

성도상황: 성찬에 참여하는 성도에게

찬 송 가: 144장(예수 나를 위하여), 229장(아무 흠도 없고)

C C M : 주님의 살과 피, 참참참 피 흘리신

(198) 본문: [수 1:9]

내가 네게 명한 것이 아니냐 마음을 강하게 하고 담대히 하라
두려워 말며 놀라지 말라 네가 어디로 가든지 네 하나님
여호와가 너와 함께 하느니라 하시니라

[문맥성경]
/내가 네게 명한 것이 아니냐?
  [너는]──마음을 강하게 하고
       ├담대히 하라
       ├두려워 말며
       └놀라지 말라

    //(이유: ׳כ, for)
      나 여호와가──너와 함께 하느니라 (하시니라)
      /네 하나님   /네가 어디로 가든지

[문맥설교 틀]
주제: 하나님의 인도

1. 하나님의 명령(인도)은 무엇입니까?
   1) 마음을 강하게 하라
   2) 담대히 하라
   3) 두려워 말라
   4) 놀라지 말라

2. 하나님께서 왜 이렇게 명령(인도)하셨습니까?
  : 나의 하나님 여호와께서 내가 어디로 가든지
    나와 함께 하시기 때문에

절기예배: 졸업, 입학예배
성도상황: 새로운 시작과 마침을 하는 성도에게
찬 송 가: 347장(허락하신 새 땅에), 370장(주 안에 있는 나에게)
C C M : 주님 내가 여기 있사오니, 주의 길을 가리

(199) 본문: [단 1:17]

하나님이 이 네 소년에게 지식을 얻게 하시며 모든 학문과 재주에
명철하게 하신 외에 다니엘은 또 모든 이상과 몽조를 깨달아 알더라

[문맥성경]

하나님이 　　**얻게 하시며(=주시며)**
　　　　　　/지식을(=학문을)
　　　　　　/이 네 소년에게

　　　　　　명철하게 하신 외에
　　　　　　/모든 학문(=서적)과
　　　　　　재주에(=지혜에)

또
다니엘은 　　**깨달아 알더라**
　　　　　　/이상과
　　　　　　몽조를

　　　　　　/모든

[문맥설교 틀]

제목: 하나님이 얻게 하셨다

1. 네 소년에게 주신 선물은 무엇입니까?

　 1) 지식을 얻게 하셨음

　 2) 모든 학문과 재주에 명철하게 하셨음

2. 다니엘에게 추가로 주신 선물은 무엇입니까?

　 : 다니엘은 모든 이상과 몽조를 깨달아 알게 됨

절기예배: 입학, 졸업예배

성도상황: 학교를 입학하거나 졸업하는 성도에게

찬 송 가: 312장(너 하나님께 이끌리어), 384장(나의 갈길 다 가도록)

C C M : 반드시 내가 너를 축복하리라, 이 세상을 살아가는 동안에

(200) 본문: [빌 4:9]

너희는 내게 배우고 받고 듣고 본 바를 행하라 그리하면
평강의 하나님이 너희와 함께 계시리라

[문맥성경]

```
너희는          행하라
              /[이것들을]
              /[너희가]    배우고
                         받고
                         듣고
                         본 바를
                          /내게
        //그리하면(결과)
         하나님이--- 너희와 함께 계시리라
          /평강의
```

[문맥설교 틀]

주제: 너희는(졸업생)은 행하라

1. 너희가 배운 것을 행하라

2. 너희가 받은 것을 행하라

3. 너희가 들은 것을 행하라

4. 너희가 내게 본 바를 행하라

5. 행한 결과는 무엇입니까?
   : 그리하면 평강의 하나님이 너희와 함께 계시리라

절기예배: 졸업예배

성도상황: 졸업을 하는 성도(학생들)에게

찬 송 가: 382장(너 근심 걱정 말아라), 384장(나의 갈 길 다 가도록)

C C M : 부르신 곳에서, 주 사랑이 나를 숨 쉬게 해

(201) 본문: [마 7:11]

너희가 악한 자라도 좋은 것으로 자식에게 줄 줄 알거든 하물며 하늘에
계신 너희 아버지께서 구하는 자에게 좋은 것으로 주시지 않겠느냐

[문맥성경]

[그러므로]

[만일, εἰ]

```
너희가 -----알거든(조건절, if)
              /줄 줄(부정사)
                /좋은 것으로(=을)
                /[너희의] 자식에게
                /악한 자라도
아버지께서----주시지 않겠느냐?
/하늘에 계신    /좋은 것으로(=을)
/너희          /구하는 자에게
                /[그를]
                /하물며
```

[문맥설고 틀]

주제: 아버지께서 주신 것처럼

1. 아버지는 어떤 분이십니까? : 하늘에 계신 너희 아버지

2. 무엇을 주십니까? 좋은 것을 주심

3. 누구에게 주십니까? 그를 구하는 자에게 주심

4. 어떻게 주십니까? 하물며(더욱) 주심

5. 주시는 조건은 무엇입니까? : 만일 너희가 줄줄 안다면 주심

 1)좋은 것을 줌

 2)너희의 자식에게 줌

 3)악한 자라도 줌

절기예배: 어버이주일

성도상황: 어버이 주일을 맞아 부모 성도들에게

찬 송 가: 563장(예수 사랑하심을), 579장(어머니의 넓은 사랑)

C C M : 야곱의 축복, 오 주여 나의 마음이

(202) 본문: [엡 6:1]

자녀들아 주안에서 너희 부모에게 순종하라 이것이 옳으니라.

[문맥성경]

자녀들아!
[너희는] ---- **순종하라**
　　　　　　/너희 부모를
　　　　　　/주 안에서

　　//(이유: $\gamma \alpha \rho$, for)
　　　이것이 옳으니라

[문맥설고 틀]

주제: 부모에게 순종하라

※순종하다 : ὑπακούω (휘파쿠오) 듣다. 경청하다. 귀를 기울이다. 복종하다

1. 누가 부모에게 순종해야 합니까?

　: 자녀들이 부모에게 순종해야 함

2. 어디에서 부모에게 순종해야 합니까?

　: 주님 안에서 부모에게 순종해야 함

3. 순종해야 하는 이유는 무엇입니까?

　: 이것이 옳은 일이기 때문에 부모에게 순종해야 함

절기예배: 어버이 주일

성도상황: 어버이 주일을 맞은 모든 자녀 세대에게

찬 송 가: 577장(낳으시고 길러주신), 579장(어머니의 넓은 사랑)

C C M : 요게벳의 노래, 어머니의 마음

(203) 본문: [마 18:4]

그러므로 누구든지 이 어린 아이와 같이 자기를 낮추는 그이가
천국에서 큰 자니라

[문맥성경]

그러므로
누구든지━━━━**낮추는[자]**
　　　　　　　/자기를
　　　　　　　/이 어린아이와 같이
그이가━━━━**큰 자니라**
　　　　　　　/천국에서

[문맥설교 틀]

주제: 어린이가 큰 자

1. 어디에서 큰 자가 되어야 합니까?

　: 천국에서 큰 자가 되어야 함

2. 어떻게 해야 천국에서 큰 자가 됩니까?

　1) 누구든지 자기를 낮추는 자가 되면
　2) 누구든지 이 어린아이와 같이 낮추는 자가 되면

절기예배: 어린이주일

성도상황: 어린이주일에 모든 성도들의 가정에서

찬 송 가: 563장(예수 사랑하심을), 565장(예수께로 가면)

C C M : 어린 아이처럼, 나의 가장 낮은 마음

(204) 본문: [엡 6:4]

또 아비들아 너희 자녀를 노엽게 하지 말고
오직 주의 교훈과 훈계로 양육하라

[문맥성경]

또
아비들아!
[너희는] ---- **노엽게 하지 말고**
　　　　　　/너희 자녀를
　　　　오직 양육하라
　　　　　　/그들을
　　　　　　/교양과 훈계로
　　　　　　/ 주의

[문맥설고 틀]

주제: 자녀를 양육하라.

1. 누가 자녀를 양육해야 합니까?

: 아비(부모)들이 자기 자녀를 양육해야 함

2. 어떻게 자녀를 양육해야 합니까?

1) 자녀를 노엽게 하지 말고 양육해야 함
2) 오직 양육해야 함 (※오직: ἀλλά [알라. 그러나, 그럼에도 불구하고)
3) 주님의 교양과 훈계로 양육해야 함

절기예배: 어린이 주일

성도상황: 어린이 주일을 맞은 모든 부모세대들에게

찬 송 가: 561장(예수 사랑하심은), 570장(주는 나를 기르시는 목자)

C C M : 주님 제가 아버지입니다. 나 주님의 기쁨 되기 원하네

(205) 본문: [딤후 3:16]

모든 성경은 하나님의 감동으로 된 것으로 교훈과 책망과 바르게 함과
의로 교육하기에 유익하니

[문맥성경]

성경은 　　　**하나님의 감동으로 된 것으로(=되다)**
　/모든　　　**유익하니(=다)**
　　　　　　　/교훈과(=을 하기에)
　　　　　　　책망과(=을 하기에)
　　　　　　　바르게 함과(=을 위하여)
　　　　　　　의로 교육하기에

[문맥설고 틀]

주제: 유익을 주는 선생님

1. 유익을 주는 것은 무엇입니까?
　: 모든 성경

2. 모든 성경이 유익한 이유는 무엇입니까?
　: 모든 성경은 하나님의 감동으로 된 것이기 때문에

3. 무엇을 하기에 유익합니까?
　1) 교훈을 하기에 유익함
　2) 책망을 하기에 유익함
　3) 바르게 함을 위하여 유익함
　4) 의로 교육하기에 유익함

절기예배: 스승의 날 예배

성도상황: 세상에서 선생님으로 살아가는 성도들에게

찬 송 가: 430장(주와 같이 길 가는 것), 570(주는 나를 기르시는 목자요)

C C M : 십자가를 질 수 있나, 아버지 당신의 마음이 있는 곳에

(206) 본문: [약 3:1]

내 형제들아 너희는 선생 된 우리가 더 큰 심판 받을 줄을
알고 많이 선생이 되지 말라

[문맥성경]

내 형제들아!
너희는 　　　**선생이 되지 말라**
　　　　　/많은(이)
　　　알고(=알라)
　　　　　/우리가 ── 심판 받을 줄을
　　　　　/선생된 　　　/더 큰

[문맥설교 틀]

주제: 선생이 되지 말라

1. 누가 선생이 되면 안 됩니까?
　: 내 형제들인 너희 (성도)

2. 어떻게 선생이 되면 안 됩니까?
　: 많은 선생 (※많이: πολύς [폴뤼스] 수가 많은 것을 나타냄)

3. 선생이 되지 말아야 하는 이유는 무엇입니까?
　: 선생된 우리가 더 큰 심판 받을 줄을 알아야 하기 때문에

PAGE/

DATE/

절기예배: 스승의 날 예배

성도상황: 스승의 날을 맞이하는 성도들에게

찬 송 가: 425장(주님의 뜻을 이루소서), 432장(큰 물결이 설레는 어둔 바다)

C C M : 예수 십자가에 흘린 피로써, 나 무엇과도 주님을 바꾸지 않으리

(207) 본문: [시 128:3]

네 집 안방에 있는 네 아내는 결실한 포도나무 같으며
네 식탁에 둘러앉은 자식들은 어린 감람나무 같으리로다.

[문맥성경]

네 아내는   결실한 **포도나무 같으며**
 /네 집 내실에 있는

자식은   어린 **감람나무 같으리로다**
 /네 상에 둘린

[문맥설교 틀]

주제: 가정 (아내와 자식들)

1. 누구의 아내와 자식입니까?
 : 너(가장)의 아내요 자식임

2. 어디에 있는 아내와 자식입니까?
 1) 네 집 내실에 있는 아내임
 2) 네 상에 둘러앉은 자식들임

3. 아내와 자식을 무엇으로 표현했습니까?
 1) 아내는 결실한 포도나무와 같음
 2) 자식은 어린 감람나무와 같음

[설교노트]

PAGE/

DATE/

절기예배: 가정의 달 예배
성도상황: 5월 가정의 달을 맞은 성도들에게
찬 송 가: 558장(미더워라 주의 가정), 559장(사철에 봄바람 불어 잇고)
C C M : 야곱의 축복, 다 표현 못해도

- 227 -

(208) 본문: [마 12:50]

누구든지 하늘에 계신 내 아버지의 뜻대로 하는 자가
내 형제요 자매요 모친이니라 하시더라

[문맥성경]

//(이유: γάρ, for)

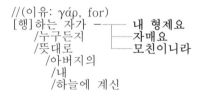

[문맥설교 틀]

주제: 새 가족

1. 누가 새 가족 입니까?
 : 누구든지 행하는 자는 새 가족임

2. 어떻게 행하는 자가 새 가족 입니까?
 : 하늘에 계신 내 아버지의 뜻대로 행하는 자가 새 가족임

3. 새 가족의 범위는 누구입니까?
 1) 내 형제임
 2) 자매임
 3) 모친임

절기예배: 가정의 달 예배

성도상황: 가정의 날을 맞이하는 성도들에게

찬 송 가: 599장(사철에 봄바람 불어 있고), 288장(예수로 나의 구주삼고)

C C M : 다 표현 못해도, 너는 담장 너머로 뻗은 나무

(209) 본문: [벧전 3:7]

남편들아 이와 같이 지식을 따라 너희 아내와 동거하고 그를 더 연약한 그릇이요 또 생명의 은혜를 함께 이어받을 자로 알아 귀히 여기라 이는 너희 기도가 막히지 아니하게 하려 함이라.

[문맥성경]
남편 된 자들아!
[너희는] ---- **동거하고**
　　　　　　　/이와 같이
　　　　　　　/지식을 따라
　　　　　　　/(저는) 그릇이요(=그릇으로)
　　　　　　　　/더 연약한
　　　　　　　　/너희 아내와

　　　　　　　/(알아) 여기라(분사, 상태)
　　　　　　　　/귀히
　　　　　　　　/또 유업으로 함께 받을 자로
　　　　　　　　　/생명의 은혜를

　　　　　　　　　//이는(목적, $\iota\nu\alpha$, so that...may)
　　　　　　　　　　너희 기도가 막히지 아니하게 하려 함이라

[문맥설고 틀]

주제: 아내와 동거하라

1. 누가 아내와 동거해야 합니까?

　: 남편이 동거해야 함

2. 동거해야 하는 아내는 어떤 존재입니까?

　: 더 연약한 그릇임

3. 어떻게 동거해야 합니까?

　1) 이와 같이 (1~6절: 아내가 순복하듯이, 사라같이)

　2) 지식을 따라 동거해야 함

　3) 귀히 여기면서 동거해야 함

　4) 생명의 은혜를 유업으로 함께 받을 자로 여기면서 동거해야 함

　　(1) 목적: 부부의 기도가 막히지 않기 위해서 그렇게 해야 함

절기예배: 부부의 날 예배
성도상황: 부부의 날을 맞은 부부 성도들에게
찬 송 가: 556장(날마다 주님을 의지하는), 557장(에덴의 동산처럼)
C C M : 부부송(그댈 만나게 하신), 복된 가정

(210) 본문: [마 19:6]

그런즉 이제 둘이 아니요 한 몸이니 그러므로 하나님이 짝지어
주신 것을 사람이 나누지 못할지니라 하시니

[문맥성경]
/이러한즉
　[그들이] --ㅜ **둘이 아니요**
　　　 /이제
　　 └ **한 몸이니**

/그러므로
　사람이 ----- **나누지 못할지니라**
　　　　 /하나님이--짝지어 주신 것을

[문맥설교 틀]
주제: 한 몸 된 부부

1. 누가 한 몸입니까?
　: 그들(부부) 둘이 한 몸

2. 언제부터 한 몸이 됩니까?
　: 이제(결혼한 때부터) 둘이 아니요 한 몸이 됨

3. 한 몸이 된 결과는 무엇입니까?
　: 하나님이 짝 지어 주신 것을 사람이 나누지 못함

절기예배: 결혼예배

성도상황: 결혼예식을 올리는 신랑 신부에게

찬 송 가: 604장(완전한 사랑), 605장(오늘 모여 찬송함은)

C C M : 이렇게 좋은 날, 기대(주 안에 우린 하나)

(211) 본문: [고전 13:13]

그런즉 믿음, 소망, 사랑, 이 세 가지는 항상 있을 것인데
그 중의 제일은 사랑이라

[문맥성경]

그런즉
믿음, 소망, 사랑   **있을 것인데**
　/이 세 가지는　　/항상

제일은　　　　　**사랑이라**
　/그 중에

[문맥설교 틀]

주제: 제일은 사랑이라

1. 항상 있을 것은 무엇입니까?
　1) 믿음
　2) 소망
　3) 사랑

2. 그 중에 제일은 무엇입니까?
　: 사랑이라

_____

_____

_____

_____

_____

_____

_____

_____

_____

_____

_____

_____

_____

_____

_____

절기예배: 결혼예배
심방상황: 하나님 앞에서 부부로 서약하는 성도에게
찬 송 가: 605장(오늘 모여 찬송함은), 220장(사랑하는 주님 앞에)
C C M : 잇쉬가 잇샤에게, 밀알

(212) 본문: [엡 5:33]

그러나 너희도 각각 자기의 아내 사랑하기를 자기 같이 하고
아내도 그 남편을 경외하라

[문맥성경]

그러나(πλην)
각각   **사랑하기를..하고(=사랑하라)**
 /너희도(=너희중)   /자기의 아내[를]
                     /자기같이
아내도   **경외하라**
                     /그 남편을

[문맥설교 틀]

주제: 부부 사랑

1. 남편은 자기의 아내를 어떻게 대해야 합니까?
   1) 사랑으로 대해야 함
   2) 자기같이 대해야 함

2. 아내는 남편을 어떻게 대해야 합니까?
   : 경외함으로 대해야 함

절기예배: 결혼예배
성도상황: 약혼, 결혼을 하는 성도에게
찬 송 가: 605장(오늘 모여 찬송함은), 28장(복에 근원 강림하사)
C C M : 이렇게 좋은 날, 주께 두 손 모아 비나니

Ⅲ부 색인

색인순서 (번호-성경-절기/예배-저자-본문NO)

구약편

22	잠 16:3	설립감사예배	박종원	152
23	잠 16:9	설립감사예배	박종원	151
24	잠 22:29	개업예배	방동용	167
25	사 9:6	성탄절	박종원	141
26	사 43:19	송구영신예배	조수민	147
27	사 41:10	위로예배	방동용	178
28	사 53:2	사순절	박종원	117
29	사 66:9	위로예배(임산부)	박종원	179
30	단 1:17	졸업입학예배	방동용	199
31	습 3:17	위로예배	방동용	180
32	말 4:2	위로예배	방동용	181

신약편

번호	성경본문	절기/예배	이름	본문NO
33	마 1:21	성탄절	김창길	142
34	마 2:11	성탄절	박종원	143
35	마 3:16	삼위일체주일	주경만	127
36	마 6:6	위로예배	한희수	182
37	마 7:8	신년예배	고동관	103
38	마 7:11	어버이주일	박종원	201
39	마 12:50	가정의달예배	주경만	208
40	마 16:18	설립감사예배	김창길	153
41	마 18:4	어린이주일	주경만	203
42	마 19:6	결혼예배	한희수	210
43	마 21:9	종려주일	주경만	130

69	요 20:17	부활절	박종원	111
70	요 20:31	성서주일	송승용	135
71	행 2:4	성령강림주일	김창길	125
72	행 2:38	세례식예배	송승용	193
73	롬 1:17	종교개혁주일	방동용	132
74	롬 5:8	사순절	김창길	119
75	롬 6:15	세례식예배	이후인	194
76	롬 8:11	부활절	조수민	112
77	롬 8:17	사순절	이후인	120
78	고전 13:13	결혼예배	이경숙	211
79	고전 15:4	부활절	김창길	113
80	고전 15:10	송구영신예배	한희수	148
81	고후 1:7	사순절	송승용	121
82	고후 5:1	장례(입관)	고동관	187
83	고후 5:17	송구영신예배	이경숙	149
84	고후 13:13	삼위일체주일	박종원	129
85	갈 6:8	추수감사절	박종원	140
86	엡 5:18	성령강림주일	박종원	126
87	엡 5:33	결혼예배	고동관	212
88	엡 6:1	어버이주일	한희수	202
89	엡 6:4	어린이주일	한희수	204
90	엡 6:11	신년예배	이후인	105
91	빌 1:1	헌신예배	박종원	158
92	빌 2:2	헌신예배	이후인	159
93	빌 3:14	신년예배	조수민	106

한절설교2 저자로 참여한 SBI(서울성경연구원) 간사님을 소개합니다.

박종원 목사: Even Church 담임/ 010-4224-0691
SBI(서울성경연구원) 총무
MBA(문맥성경아카데미) 원장
MBA하우스(출판사) 대표

고동관 목사: 대암교회 담임(대구 달성)/ 010-2626-9406
SBI(서울성경연구원) 간사/ 대구지부장

한희수 목사: 화천동산교회 (강원 화천)/ 010-7312-7832
SBI(서울성경연구원) 간사/ 강원지부장

방동용 목사: 은혜그리스도의교회 (전남 해남)/ 010-4164-4495
SBI(서울성경연구원) 간사/ 전남지부장

이후인 목사: 나라교회 담임 (인천 남동)/ 010-7350-7922
SBI(서울성경연구원) 간사/ 인천지부장

조수민 목사: 예닮교회 담임(경기 광주)/ 010-7429-0317
SBI(서울성경연구원) 간사/ 경기남부 지부장

이경숙 목사: 주님나라교회 담임(서울 은평)/ 010-3203-1886
SBI(서울성경연구원) 간사/ 서울서북부지부장

김창길 목사: 회복교회 담임(서울 금천)/ 010-5468-3663
SBI(서울성경연구원) 간사/ 서울서남부지부장

송승용 목사: 5550부대 임마누엘교회 담임(군선교)/ 010-3847-0664
SBI(서울성경연구원) 간사/ 경기동북부지부장

주경만 목사: 석남교회 담임 (전북 고창)/ 010-2634-0657
SBI(서울성경연구원) 간사/ 전북지부장

※ 지역에 계신 분들은 각 지역에 계신 간사님들께 문의하시면 친절한 답변과
함께 자세한 안내와 기초 강의(문맥)를 들을 수 있습니다.

MBA 하우스 사명 선언문 (설/치/전/문)

여호와께서 모세에게 이르시되 이것을 책에 기록하여 기념하게 하고 여호수아의 귀에 외워 들리라 [출 17:14]

우리는 하나님의 뜻을 책에 아로새기고 책을 보급하며 책을 통해 사역하여 이 땅에 기독교 문화를 심고 책을 통해 하나님나라를 넓혀 나가겠습니다.

1. **설**교를 가르치겠습니다.
   ㄴ 우리는 책을 통해 주님의 말씀(설교)을 올바로 가르치겠습니다.
2. **치**유 하겠습니다.
   ㄴ 우리는 책을 통해 사람을 치유(회복) 하겠습니다.
3. **전**파 하겠습니다.
   ㄴ 우리는 책을 통해 복음 전파의 사명을 끝까지 감당 하겠습니다.
4. **문**화를 세우겠습니다.
   ㄴ 우리는 책을 통해 기독교 문화를 바로 세우겠습니다.

한철설교2

초판1쇄 펴낸날 2021년 12월 21일
지은이: 박종원
편낸이: 박종원
펴낸곳: MBA하우스
주 소: 서울 금천구 시흥동 992-12 B1
전 화: 010-4224-0691
팩 스: 0504-377-9334
등 록: 696-93-01705
ISBN: 979-11-975845-1-0